OSCAR BERG

ÖVERLEVNADS-

GUIDE

TILL

DIGITALISERINGEN

VEM ÄR OSCAR BERG?

Låt mig börja med en bekännelse: detta uppslag kom inte till förrän precis innan boken skulle ges ut. Min vän, tidigare kollega och medförfattare av boken *Den digitala arbetsplatsen*, Henrik Gustafsson, gav mig följande återkoppling efter sin slutliga genomläsning:

> "*Det behövs en kraftfull bio av dig inledningsvis där läsaren får en förståelse för hur mycket praktisk erfarenhet du har av området i kombination med det mer teoretiska arbetet du gjort med böcker, utbildningar, föreläsningar etc. Det tror jag ger läsaren en positiv skjuts in i materialet. Varför behövs det? Jo, de inledande uppslagen är så enkla (pedagogiska) att det tar lite läsning innan man börja förstå djupet av insikterna. En känsla som jag tycker bara ökar ju längre man kommer i boken.*"

Som många andra är jag inte jättebekväm med att framhäva mig själv och min kunskap och erfarenhet. Så föreställ min lättad när jag insåg att jag istället kunde låta Henriks ord tala för mig! Så fick det bli.

För den som vill veta mer om mig finns annars gott om information att hitta på oscarberg.net och på andra ställen på webben. Presentationer, artiklar, webinars, intervjuer, illustrationer, modeller, blogginlägg - och så förstås mina tidigare böcker.

Så, då var det avklarat!

Förlag: Gr8 Mountains AB, Lund, Sverige
Tryck: BoD – Books on Demand, Norderstedt, Tyskland
ISBN: 978-91-985734-0-4

FÖRORD

"Trots allt är vi immigranter till framtiden; ingen av oss är en infödd i det landet...vi bör betrakta det nya landskapet som träder fram framför oss likt immigranter gör; vara redo att lära oss det nya språket och ett nytt sätt att göra saker, förvänta oss nystarter med en känsla av spänning, om än med en dos förståelig oro."

MARINA GORBIS, VD FÖR INSTITUTE FOR THE FUTURE

FINNS DET EN MANUAL TILL DIGITALISERING?

Nej. I en värld som blir alltmer snabbföränderlig, komplex och tvetydig finns inga enkla lösningar eller manualer som säger vad som ska göras. Frågan som behöver ställas är: vad är det som krävs för att lära sig att navigera framgångsrikt i en sådan värld?

Vi kan börja med att konstatera att *digitalisering* handlar om människor över allt annat, om att skapa värde för dem genom att förenkla och berika deras liv med hjälp av digital teknik. För att en organisation ska kunna göra detta och spela en roll i människors liv krävs att den sätter de människor vars deras behov och önskningar de vill tillgodose i centrum. Allt den gör måste utgå från detta.

Den stora utmaningen för organisationer idag är att människors behov, beteenden och förväntningar förändras i rask takt. Det som är en framgångsrik lösning på ett behov idag behöver inte vara det imorgon. Konkurrenterna som försöker hitta bättre lösningar och möta människors förväntningar blir fler och kommer från oväntade håll.

Organisationer inom alla branscher och sektorer måste därför bli bättre på att snabbt kunna anpassa sig till plötsliga förändringar. Samtidigt måste de bli mer innovativa och proaktivt söka nya och bättre sätt att skapa värde för människor med hjälp av teknikens möjligheter. De behöver ställa om från att fokusera nästan helt på storskalighet och effektivitet till att fokusera på snabbrörlighet och innovation. Denna förflyttning kallas populärt för *digital transformation*.

I en tid när nästan allting går att kopiera, inte minst data och digitala lösningar, vad finns då kvar som är unikt för en organisation? Jo människorna. Medarbetarna. Deras nyfikenhet, kreativitet, empati, strategiska tänkande och samarbetsförmåga (med mera) kommer i slutändan att avgöra om organisationen de arbetar för lyckas överleva digitaliseringen.

Ambitionen med denna bok är att öppna dörrar till områden som en organisation behöver utforska för att kunna navigera framgångsrikt i denna nya värld. Boken är indelad i fyra kapitel:

Kapitel 1 – Förstå de nya spelreglerna lyfter fram nya förutsättningar och utmaningar som alla organisationer i någon utsträckning står inför.

Kapitel 2 – Övervinn hot och hinder beskriver ett antal synsätt, beteenden och förhållanden som organisationen behöver ta sig ifrån så fort som möjligt.

Kapitel 3 – Sätt fokus på rätt saker pekar ut centrala synsätt som organisationen måste anamma och förmågor den behöver utveckla för att kunna förflytta sig i rätt riktning.

Kapitel 4 – Påbörja förflyttningen går slutligen igenom ett antal förändringar av kultur, förmågor och arbetssätt som organisationen behöver sätta igång med för att överleva digitaliseringen.

Välkommen att öppna dörrar och börja utforska!

FÖRSTÅ DE NYA SPELREGLERNA

"Om du frågar mig: 'vad är er affärsmodell?' Vår affärsmodell är att alltid förflytta oss mot större möjligheter att skapa värde."

Ginni Rometty, VD på IBM

VI HAR FÅTT DIGITALA SUPERKRAFTER

Fram till en bra bit in på 2000-talet kom den senaste informationstekniken till företagen först. Datorer var dyra och utom räckhåll att köpa för de flesta konsumenter. De var dessutom avsedda för företag i första hand.

När hem-pc-reformen infördes i Sverige 1998 var syftet att ge fler människor tillgång till en dator och på så sätt öka deras datorkunskaper. Fler behövde helt enkelt kunna använda en dator med program som Microsoft Word och Excel på jobbet. Reformen sågs som en nödvändighet för att behålla och stärka Sveriges konkurrensförmåga.

2007 lanserade Apple iPhone, den första smarta mobilen avsedd för konsumenter. Ungefär samtidigt såg sociala plattformar som Facebook och Twitter dagens ljus. Snart ville alla ha en smart mobil och finnas på Facebook och Twitter, även om nästan ingen fattade vad Twitter egentligen gick ut på. Om du tittar på de första sakerna folk tvittrat så kommer du hitta saker som "äter frukost". Idag använder influencers och makthavare Twitter och andra sociala plattformar som Instagram för att tala direkt till sina målgrupper.

Tillbaka till år 2007. Ett viktigt skifte hade skett, även om det inte hände över en natt. Hela världen låg plötsligt öppen för oss i våra egna händer och väntade på att svepas fram av våra flinka fingrar. Vi hade fått digitala superkrafter. När vi väl har fått något, särskilt en superkraft, vill vi förstås ha mer och fler.

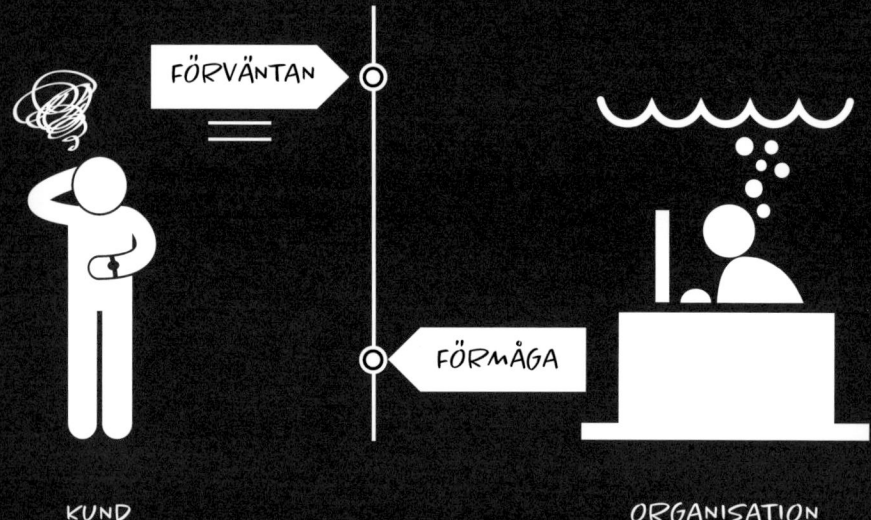

KUND

ORGANISATION

DET DIGITALA SÄTTER NYA FÖRVÄNTNINGAR

Våra digitala upplevelser skapar nya beteenden. Så fort vi hittar något som förenklar eller berikar vår vardag anammar vi det. När vi väl hittat en genväg slutar vi ta de gamla vägarna. De är nu plötsligt omvägar.

Säg att du installerat och använt en mobilapp som gör det möjligt att betala parkeringsavgiften utan att behöva köpa en biljett i en parkeringsautomat. Varför då återgå till att stå och köa för en parkeringsbiljett vid en parkeringsautomat? Och tvingas springa ut och fylla på så snart tiden går ut? Det kommer inte hända. Istället kommer du att småle lite nästa gång du går förbi en kö till en parkeringsautomat, för att du känner dig smartare än de som köar.

Dessa digitala upplevelser formar nya beteenden och sätter nya förväntningar hos oss. Förväntningar som vi sedan överför, medvetet eller omedvetet, till andra områden. Om du kan köpa en parkeringsbiljett (eller snarare parkeringstid) i mobilen bör det ju gå att köpa alla typer av biljetter på samma sätt, eller hur?

Det är härifrån det ökade trycket på organisationer att digitalisera kommer. Från dig. Oss. Vi säger: infria våra förväntningar, annars går vi till någon som gör det.

FÖRVÄNTANSGAPET ÖPPNAR FÖR NYA AKTÖRER

Många organisationer har svårt att snabbt möta våra nya beteenden och ökade förväntningar. Det gäller särskilt de som inte har det digitala som affärsidé. De som mer sett det digitala som en säljkanal eller kontaktväg, men inte som en grundplatta för sin verksamhet. De förstår inte att digitaliseringen kan ge dem nya förmågor, om den görs på rätt sätt och fullt ut. Därför ökar istället gapet mellan våra förväntningar och vad de förmår att ge oss.

På så sätt skapas ett utrymme för andra, ibland helt oväntade, aktörer. Inte sällan ger sig helt nya företag, så kallade startups, in i detta utrymme. Varken vi som konsumenter eller de nya aktörerna bryr sig om gamla branschindelningar längre. Vi ger vår lojalitet till de som är bäst på att möta våra behov och förväntningar. De som gör detta riktigt bra kan till och med slå undan benen på världsledande företag och förändra hela branscher. Det finns gott om exempel på detta i närtid, som Uber och Netflix. Vi kommer återkomma till just dessa exempel flera gånger i boken.

Det är dock inte bara konkurrensutsatta företag som påverkas negativt av det ökande förväntansgapet. Även organisationer inom den offentliga sektorn och företag i monopolställning drabbas. De får främst betala i form av minskat förtroende och tillit. Om vårt förtroende för Skatteverket minskar så minskar sannolikt även vår allmänna benägenhet att göra rätt för oss, det vill säga betala skatt.

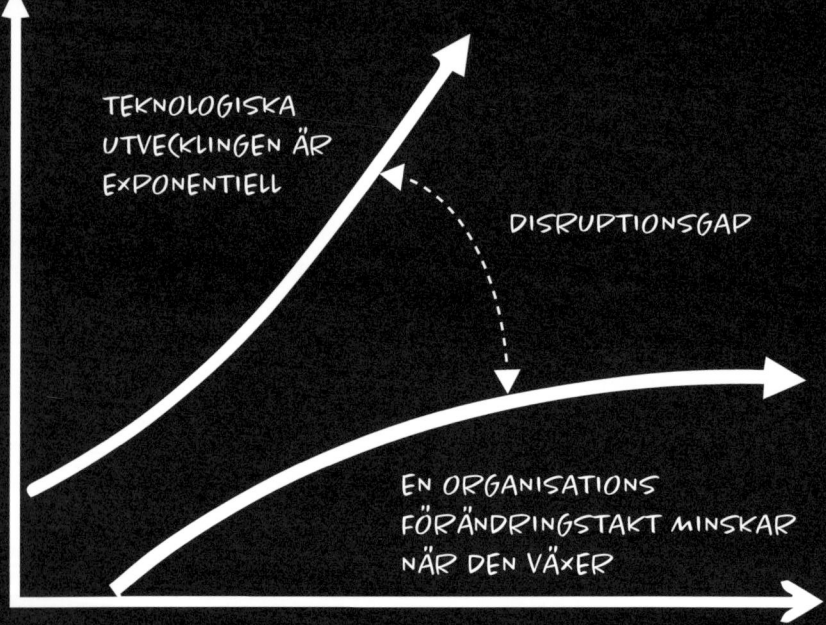

TEKNOLOGISKA
UTVECKLINGEN ÄR
EXPONENTIELL

DISRUPTIONSGAP

EN ORGANISATIONS
FÖRÄNDRINGSTAKT MINSKAR
NÄR DEN VÄXER

FÖRÄNDRINGSTAKTEN ÄR EXPONENTIELL

"Förändringen har aldrig gått såhär snabbt och kommer aldrig gå så här långsamt igen."

GRAEME WOOD, AMERIKANSK-KANADENSISK JOURNALIST

Intuitivt tänker vi oss framtiden som linjär. Att saker och ting kommer fortsätta ungefär som de gjort. Vi utgår helt enkelt från hur vi upplever att saker har varit och drar sedan ut en rak linje in i framtiden.

Den tekniska utvecklingen, motorn i den stora förändring vi ser idag och som vi kallar digitalisering, är dock inte linjär. Istället sker den i en närmast *exponentiell* takt. Vår oförmåga att tänka exponentiellt gör att vi aldrig är riktigt förberedda på de förändringar som kommer, eller hur snabbt de slår igenom. Det är ännu värre när vi agerar i grupp, såsom i en organisation. Grupper tenderar nämligen att utveckla *grupptänkande*. När vi är med i en grupp börjar vi efter en tid värdera gruppens egna idéer högre än omvärldens. Vi begränsar då inflödet av ny information utifrån, särskilt om den motsäger våra egna idéer.

Allmänt gäller att desto större organisation, desto större förändringströghet. Mellan den exponentiella tekniska utvecklingen och organisationernas avtagande förändringstakt uppstår ett "disruptionsgap". Ett utrymme där nya lösningar på våra behov kan få en omvälvande påverkan och till och med få tidigare marknadsledande organisationer att gå omkull.

UNDER HUVEN PÅ UBER

 MEDDELANDEN

 ALGORITMER

 IDENTIFIERING

 INTERNET

 BETALNINGAR

 NAVIGERING

 POSITIONERING

 MOBILER

EKOSYSTEMET MÖJLIGGÖR DISRUPTION

Den digitala teknikutvecklingen är alltså förändrings-motorn nummer ett idag. Det krävs dock att tekniken används till att lösa problem på nya sätt, något som fler och fler aktörer lyckas med. I den digitala världen är dessutom allt möjligt. Det är bara vår fantasi och kopplingarna till den fysiska världen som sätter gränser för vad vi kan göra. Men vi fortsätter flytta dessa gränser hela tiden och öppnar därmed upp för ännu större möjligheter.

Många av de nya innovationer som lanseras bygger på och passar in i det större ekosystemet av teknologier och tjänster. De står på jättars axlar. Hade Uber och andra delningstjänster kunnat slå igenom utan mobilt Internet, digitala betalsätt och smarta mobiler med inbyggd gps? Nej. Deras tjänster bygger helt på att dessa teknologier finns, till exempel att både kunder och förare har en smart mobil med positionering via gps-teknik.

Det kanske är en floskel att säga att en idé aldrig förr har kunnat spridas till så många så snabbt som idag. Likväl är det sant. Nya kommunikationsteknologier fungerar som förstärkare som kan få nya innovationer att slå igenom snabbare och med mer kraft än någonsin. Utan sociala medier hade Uber inte kunnat få så många anhängare så snabbt eller konverterat dem till betalande kunder.

De som utnyttjar ekosystemet bäst för att tillgodose behov med nya lösningar, liksom att sprida lösningarna till marknaden, är vinnarna i den digitala ekonomin.

DEN GENOMSNITTLIGA LIVSLÄNGDEN FÖR FÖRETAG PÅ FORTUNE 500

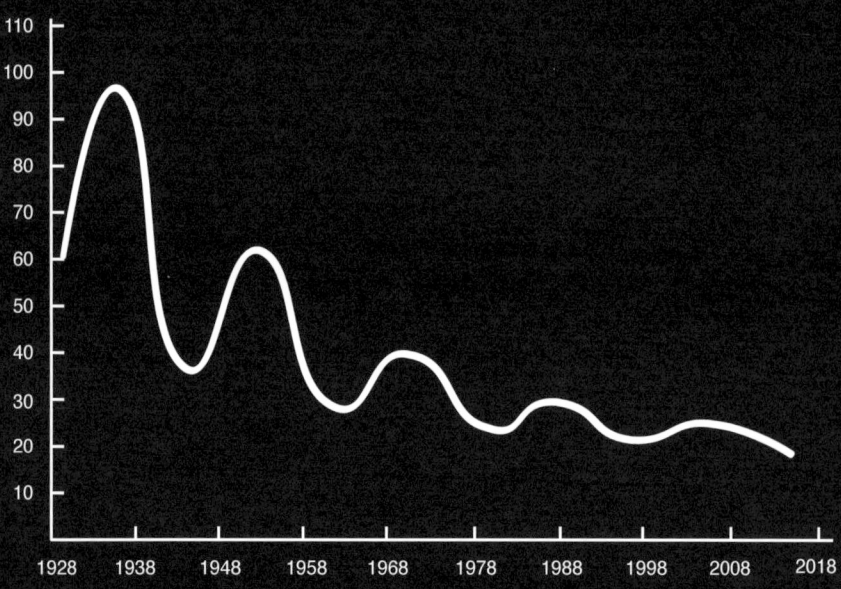

Baserad på diagram från The Shift Index: Deloitte's Center for the Edge

NYA SPELREGLER SÄTTER FÖRETAG UR SPEL

Digitalisering handlar inte om att ta en befintlig process och stödja den med it-system, utan om att tänka om från grunden hur vi kan nå en viss effekt med de digitala möjligheter som finns.

Efter att först ha tagit kål på videouthyrningsjätten Blockbuster kunde Netflix på detta sätt ställa om från att leverera DVD-filmer via post till att strömma filmer och tv-serier via nätet till våra hem och mobiler. För att sedan börja producera sina egna tv-serier och filmer. Vad blir deras nästa erbjudande eller affärsmodell? Du kan vara säker på att de arbetar på något nytt medan du läser detta.

Om en organisation fortsätter köra på i sina gamla spår, enligt gamla spelregler och antaganden, kommer den oundvikligen förr eller senare gå "den digitala döden" till mötes. Precis som många bolag på Fortune 500, listan över de 500 största företagen i USA, redan gjort. Medellivslängden för bolagen börjar närma sig under tio år. Och de flesta är överens om att digitaliseringen kommer att sänka medellivslängden ytterligare.

Digitaliseringens vinnare är de som uppfinner nya processer, tjänster, marknader och affärsmodeller - även om de kannibaliserar på deras nuvarande. För som Apples grundare Steve Jobs sa, om inte vi gör det själva så kommer någon annan göra det.

VÄRDESKAPANDE

EFFEKTIVISERING

KONVERTERING

DIGITALISERINGEN ÄR INTE SOM DEN VAR FÖRR

Men vänta! Digitalisering är väl inget nytt? Själva begreppet har ju funnits i svenska språket i decennier. Den som slår i nationalencyklopedin (på nätet) hittar följande definition av digitalisering: "material av skilda slag omformas för att kunna bearbetas i dator". Denna definition har av allt att döma hängt med ett bra tag.

Begreppet digitalisering har dock fått en förändrad innebörd i takt med att våra liv, organisationer och samhället i stort blivit alltmer - just det - digitaliserat. Vi kan prata om tre nivåer av hur digitala teknologier används, som en sorts utvecklingstrappa.

Den första nivån är *konvertering*. Siffror, text och grafik som tidigare producerats, hanterats och distribuerats på papper förs över till digitalt format för att hanteras av datorer istället. Datorer kan räkna snabbare, bättre och hantera ändlöst mer data än människor. Detta började när de första datorerna kom på 1950-talet.

Nästa nivå är *effektivisering*. It system införts för att effektivisera interna processer och därmed minska kostnader och korta ledtider. Detta gjorde organisationer mycket under framför allt 1990- och 2000-talen.

Idag, och än mer imorgon, gäller det att använda digital teknik för *värdeskapande* - att skapa mer eller nya värden för kunder. Det innebär alltifrån nya tjänster och upplevelser till helt nya affärsmodeller och sätt att bedriva en verksamhet.

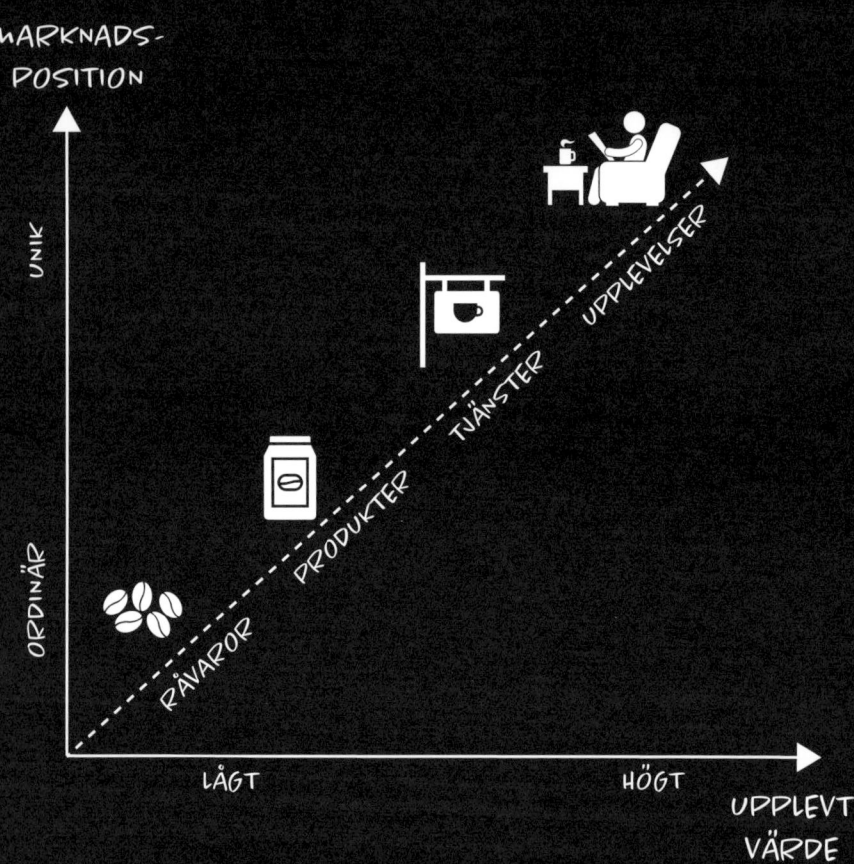

MARKNADS-
POSITION

UNIK

ORDINÄR

RÅVAROR

PRODUKTER

TJÄNSTER

UPPLEVELSER

LÅGT

HÖGT

UPPLEVT
VÄRDE

VI VILL HA TJÄNSTER OCH UPPLEVELSER

Det pågår som sagt en förändring av våra attityder och beteenden som konsumenter, men faktiskt även av våra värderingar. I takt med att vårt materiella välstånd ökar blir immateriella värden och upplevelser allt viktigare för de av oss som lever i den utvecklade, och på många sätt privilegierade, världen.

Både trenden och medvetenheten om att hushålla med befintliga resurser, för ekonomins och miljöns skull, ökar. Ny teknik ökar samtidigt möjligheterna att erbjuda olika tjänster som hjälper oss att hushålla med våra resurser. Delningstjänster gör det möjligt att dela på alltifrån bostäder till verktyg och kläder.

Varför inte köpa transport som en tjänst - till exempel hyra en elsparkcykel eller ta en Uber - istället för att köpa och äga en egen bil? Då vet vi vad vi får, slipper risker och besvär och detta till ett pris som är transparent och förutsägbart. Vi kan säga hejdå till ovälkomna kostnader som reparationer och underhåll och istället fokusera på den nytta och upplevelse vi vill åt. Dessutom kan vi testa och utvärdera olika leverantörers erbjudanden och på så sätt uppleva mer.

Fler och fler, i synnerhet i yngre generationer, har redan gått över till detta sätt att tänka. De anammar ett minimalistiskt ägande som ger en ny sorts frihet. Enkelt uttryckt - de vill undvika ansvar och hellre samla på sig nya upplevelser än fler prylar.

MER, MER,
GE OSS MER!

KOMPLEXITETEN ÖKAR MED FÖRVÄNTNINGARNA

Två saker vet vi med säkerhet om framtiden. Den första är att våra *förväntningar* på organisationer och de produkter och tjänster de erbjuder kommer att öka. Den andra är att *komplexiteten* för dem att möta våra förändringar ökar. För att förenkla och berika våra liv måste de nämligen sätta samman fler tjänster och erbjudanden och få dessa att samspela på ett alltmer sinnrikt och sömlöst sätt.

Det pratas om hur giganter som Amazon, Google, Apple, Microsoft och Facebook har nått framgång på grund av deras förmåga att samla in, bearbeta och använda data. De är så kallade *data-drivna* företag. Fast egentligen är det deras förmåga att hantera komplexitet som särskiljer dem mest från andra. Data och digital teknik är medel för att göra detta. "The big five", som dessa techjättar även kallas, är inte nödvändigtvis snabbast på att anpassa sig. Istället använder de sin förmåga att hantera komplexitet till att flytta fram våra förväntningar.

Det är också en skrämmande utveckling vi ser. Det verkar inte finnas en bortre gräns för hur stora dessa jättar kan växa sig, eller hur långt in i våra liv de kan sträcka sig. När de blivit så stora att våra liv är helt beroende av dem för att fungera verkar det inte finnas någon återvändo för oss. Åtminstone inte förrän vi politiskt reglerar hur stor makt företag får ha, eller någon erbjuder oss ett bättre alternativ - som techjättarna inte tillåts köpa eller klarar av att kopiera eller anpassa sig efter.

PRODUCENTER   KONSUMENTER

VÄRDEENHET

TRANSAKTION

PLATTFORM

KATALOG	MATCHNING	INTERAKTION	FILTER	FEEDBACK

PLATTFORMARNA ÄTER VÄRLDEN

Du har kanske hört eller sett följande meningar flimra förbi i sociala medier:

> *"Världens största taxibolag, Uber, äger inga bilar. Världens mest populära medieföretag, Facebook, skapar inget innehåll. Världens mest värdefulla affär, Alibaba, har inget eget lager. Världens största hotellföretag, Airbnb, äger inga fastigheter. Något intressant håller på att hända."*

Marc Andreessen, mannen bakom den första allmänt spridda webbläsaren Mosaic och senare Netscape, skrev 2011 en artikel i Wall Street Journal med rubriken "Why software is eating the world". Hans huvudbudskap var att allt fler verksamheter och branscher drivs av mjukvara och levereras som digitala tjänster. Organisationer i alla branscher och sektorer måste utgå från att det kommer en digital revolution. Om de inte proaktivt utforskar möjligheterna riskerar de att slås ut.

Amazon, Airbnb och Uber är exempel på företag som tillhandahåller plattformar som kopplar ihop köpare och säljare dirckt med varandra över Internet. De är därmed inte begränsade till det de själva kan producera eller hålla i lager. Istället låter de alla som har något att erbjuda nå sina potentiella köpare. Det de själva gör är helt digitalt. På så sätt kan de skala upp och expandera sin verksamhet på ett sätt som traditionella företag omöjligt kan matcha. Nu är det plattformarna som äter världen.

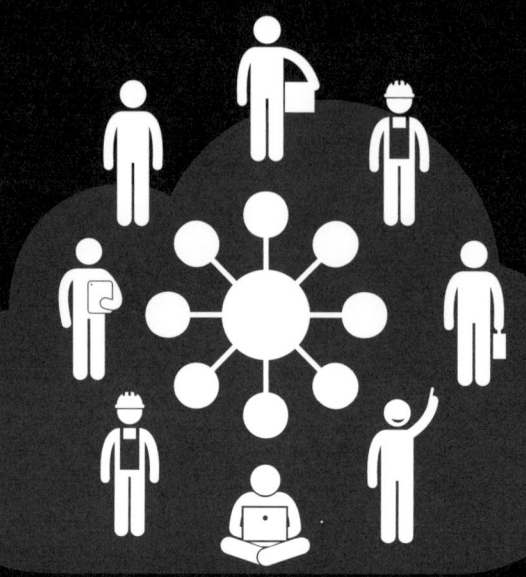

DIGITALT SAMSKAPANDE ÄR DEN NYA MODELLEN

Samskapande handlar om en väldigt enkel idé - att vi skapar mer värde om vi skapar något tillsammans. Digitalt samskapande är det nya sättet att skapa värde inom alla delar av samhället och näringslivet, mellan sektorer och branscher. I princip vem som helst och hur många som helst kan delta i en samskapandeprocess.

Som konsumenter söker vi allt oftare möjligheten att skapa våra egna lösningar utifrån våra egna specifika behov och önskemål. En digital samskapandeprocess gör detta möjligt. Vi kan skräddarsy produkter, tjänster och upplevelser som är unika för oss. Vi blir våra egna designers, med våra egna varumärken. Vi kan vara med på våra egna villkor och själva bestämma vad vi vill ha, när och hur.

Plattformarna spelar även här en central roll. De kan ge dig tillgång till såväl design- och produktionsförmågor som till marknadsplatser där du kan erbjuda dina egna kreationer. För många yngre är det idag självklart att samskapa i virtuella världar som Sims, Minecraft och MovieStarPlanet. Dessa behöver bara länkas till verkliga produktionstjänster. Då kommer användarna kunna välja samma plagg i sin fysiska garderob som de har till sin avatar (en digital representation av sig själv) i den virtuella.

Den industriella produktionsmodellen där alla resurser samlas under samma tak för effektiv produktion är på väg att bli förlegad. Den nya produktionsmodellen är digitalt samskapande på plattformar.

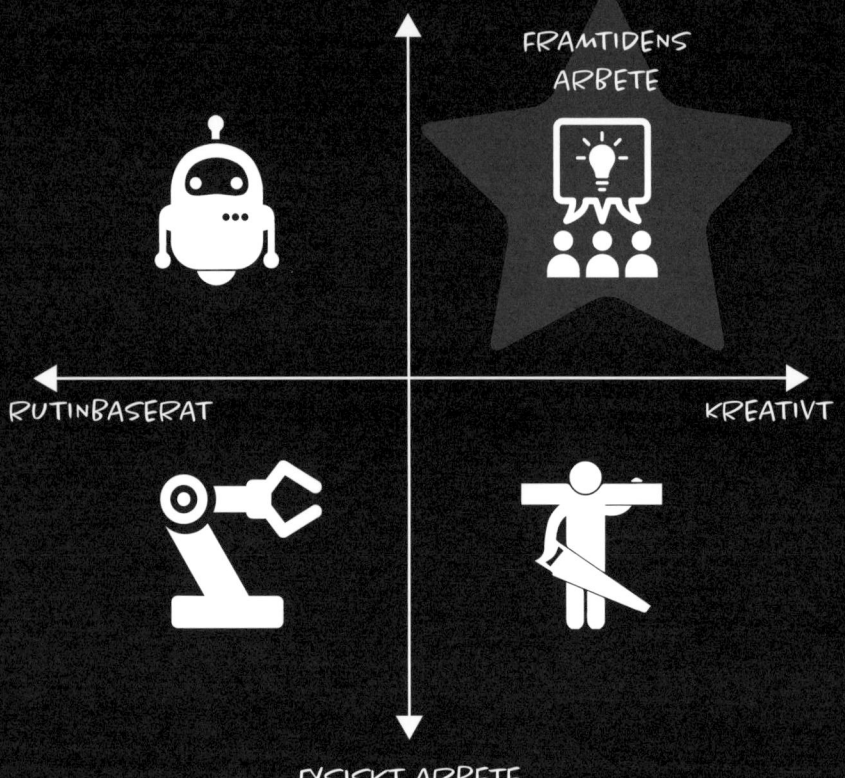

KUNSKAPSARBETE

FRAMTIDENS
ARBETE

RUTINBASERAT   KREATIVT

FYSISKT ARBETE

DET MÄNSKLIGA ARBETETS NATUR FÖRÄNDRAS

Under en lång tid har organisationer effektiviserat sina verksamheter genom att automatisera rutinbaserat manuellt arbete och transaktionstunga processer. Men nu sker en snabb automatisering även av rutinbaserat kunskapsarbete med hjälp av datorer och mjukvara.

Redan idag skriver "robotjournalister" nyheter om sportresultat åt nyhetsbyrån AP och i USA erbjuder "advokatrobotar" juridisk hjälp snabbare och billigare än mänskliga advokater. Allt fler använder de röststyrda digitala assistenterna i sina mobiltelefoner för att få svar på frågor, boka möten eller få tips på en bra restaurang i närheten. I bakgrunden finns mjukvara som med avancerade algoritmer analyserar det du säger, söker igenom enorma mängder data och levererar svar inom ett ögonblick. Och de lär sig hur de ska ge dig bättre svar för varje fråga de besvarar.

Vad finns då för arbetsuppgifter kvar? Jo, de som kräver mänskliga förmågor såsom kreativitet, empati och samarbetsförmåga. Det som inte är ren robotgöra. Utmaningen är att återuppväcka och utveckla dessa mänskliga förmågor. Det krävs en enorm omställning inte bara för individer och organisationer, utan även för samhället i stort.

DET KRÄVS EN LOOP FÖR ATT BLI CIRKULÄR

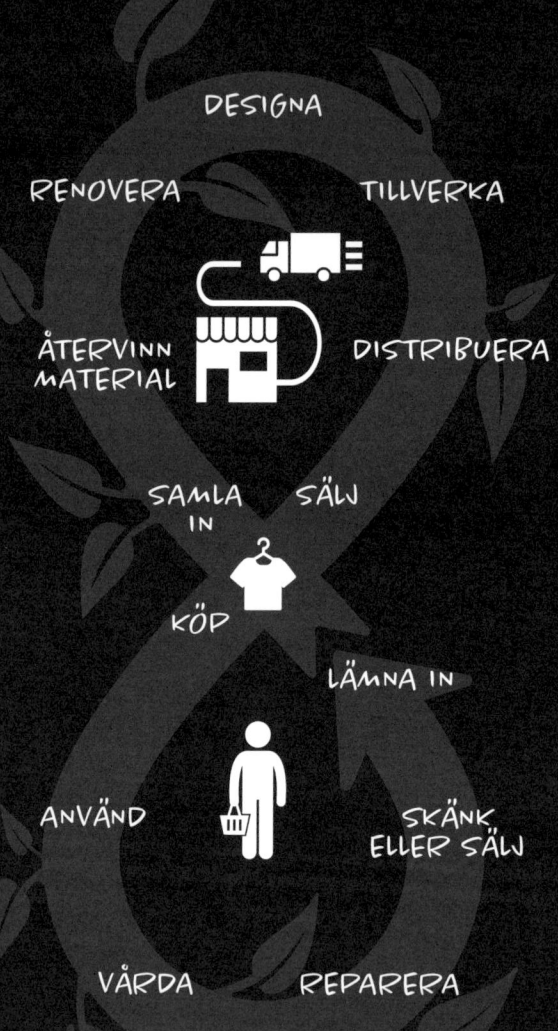

DESIGNA

RENOVERA   TILLVERKA

ÅTERVINN
MATERIAL   DISTRIBUERA

SAMLA   SÄLJ
IN

KÖP

LÄMNA IN

ANVÄND   SKÄNK
ELLER SÄLJ

VÅRDA   REPARERA

UR KAOS KOMMER EN NY ORDNING

Som konsumenter blir vi alltmer medvetna om den negativa påverkan vår konsumtion har på planeten, samhället och oss själva. Fler av oss vill vara ansvarsfulla men upplever att det är svårt att ändra våra beteenden. Särskilt om systemet inte är utformat för nya beteenden. Varför är det ofta billigare att flyga än att åka tåg? Varför finns det inte cykelmotorvägar och parkeringsplatser med laddstolpar för elcyklar?

Teknikutvecklingen tillsammans med våra förändrade beteenden och det faktum att vi överkonsumerar jordens resurser kommer att tvinga fram en snabb omställning till cirkulär ekonomi, alltså ett system där vi återanvänder istället för slänger det som vi inte längre använder. Hela värdekedjor kommer stöpas om. Ta till exempel ett klädföretag som idag masstillverkar kläder i låglöneländer och fraktar dessa för att säljas över hela världen. Vad händer när vi själva börjar designa våra kläder via en digital plattform, tillsammans med vänner, influencers eller designers? Kläder som vi sedan kan beställa och låta tillverka i en butik i närheten med symaskinsrobotar, med lokalt återvunnet eller producerat material?

Hållbarhet har länge handlat mer om bra PR än om en verklig omställning mot hållbar produktion och konsumtion. Det sker nu snabbt inom de närmsta åren, både av miljömässig nödvändighet och av rent affärsekonomiska skäl. Ekonomi handlar ju om att hushålla med resurser. Det gör cirkulär ekonomi till en självklar väg att gå.

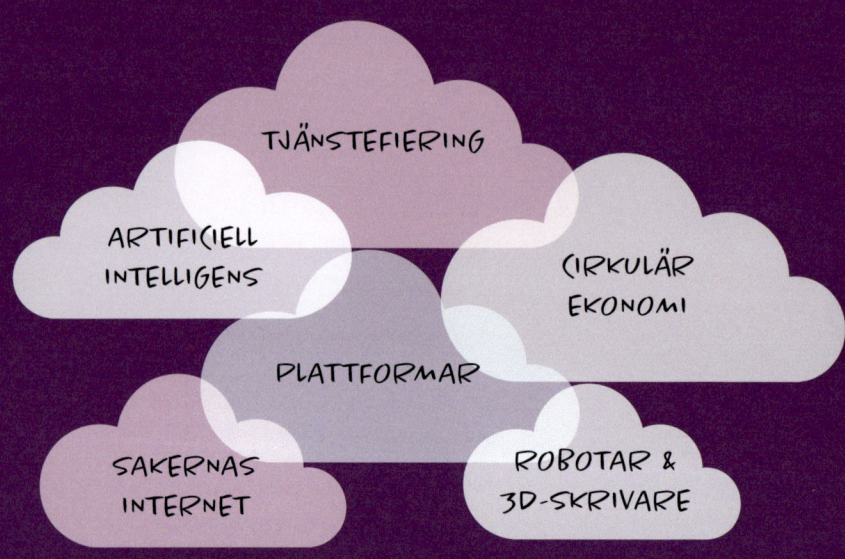

- TJÄNSTEFIERING
- ARTIFICIELL INTELLIGENS
- CIRKULÄR EKONOMI
- PLATTFORMAR
- SAKERNAS INTERNET
- ROBOTAR & 3D-SKRIVARE

MADE IN CHINA
SKEPPAT ÖVER
HELA VÄRLDEN

TRENDERNA FÖRSTÄRKER VARANDRA

Lägger vi samman de trender som just beskrivits så tornar vad som liknar en perfekt storm upp sig vid horisonten. En storm där varje vind griper tag i nästa vindström.

Tjänstefieringen, att vi erbjuds att köpa tjänster istället för prylar, gör att allt fler av oss kommer ha möjlighet att till exempel köpa transport som en tjänst. Vår ökade miljömedvetenhet gör att vi väljer miljövänliga transportalternativ, till exempel mindre elfordon istället för fossildrivna stora bilar för korta transporter. Med Sakernas Internet vet tjänsteleverantören exakt var olika fordon befinner sig och vilken status de har, om de är lediga eller behöver laddas. Artificiell intelligens räknar ut vilket fordon som passar mitt transportbehov bäst, vad det bästa priset är och hur det snabbast förflyttar sig till mig. Robotiseringen innebär att fordonet kör själv utan behov av en mänsklig förare. Fordonet utnyttjas hela tiden och behöver aldrig stå still. Om det behöver repareras tillverkas reservdelarna på plats med 3D-skrivare.

Ett framtidsscenario som detta är högst troligt. Frågan är bara hur snabbt det kommer att bli verklighet och vilken påverkan det kommer få. Att färre äger en bil samtidigt som alla fordon är i ständigt omlopp minskar drastiskt behovet av parkeringsplatser. Hur kommer våra städer att se ut? Vad händer med biltillverkarna när det behövs färre bilar? Kommer ens mänskliga förare tillåtas när autonoma fordon kan samordna med varandra i realtid för att optimera trafikflöden och minska risken för olyckor?

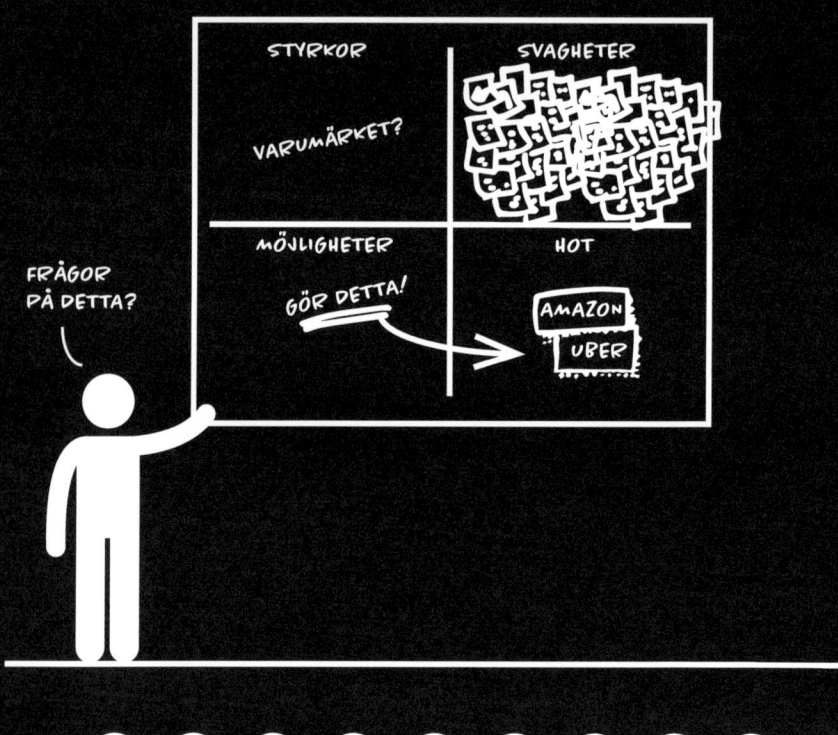

Baserad på en illustration av Linus Öhman

UTMANINGEN - ATT ÅTERUPPFINNA SIG SJÄLV

När nya aktörer tar fram erbjudanden som är bättre och mer attraktiva än en organisations eget erbjudande skakas den om i grunden. För den organisation som haft ett framgångsrikt värdeerbjudande som den skördat frukterna av under många år blir detta ofta en enorm omställning. Den måste återuppfinna sig själv. Dessutom måste den förbereda sig för att kunna återuppfinna sig själv om och om igen framöver.

Ett framtidsscenario med digitaliserad lokal produktion av kläder är inte bara möjligt, utan högst sannolikt. Och mycket närmre i tiden än vi tror. I ett sådant scenario måste klädföretaget återuppfinna sig självt för att vara relevant. Hur ska detta kunna ske när så mycket investerats genom åren i det nuvarande men kanske snart irrelevanta värdeerbjudandet? De strukturer som byggts ovanpå det måste omkullkastas.

I jakten på att återuppfinna sig själv går det inte att kopiera de nya organisationer som blivit framgångsrika. Snarare är det kanske det säkraste sättet att misslyckas. Dessa organisationer har själva ofta börjat med ett blankt blad. De har utforskat hur våra behov kan tillgodoses utifrån de förutsättningar och möjligheter som finns idag - och de som sannolikt kommer finnas imorgon. Blicken är mer riktad framåt än bakåt, på att bygga på de möjligheter som kommer snarare än på de lösningar som funnits länge. Det är detta sätt att tänka och agera som organisationer bör kopiera snarare än deras lösningar eller affärsmodeller.

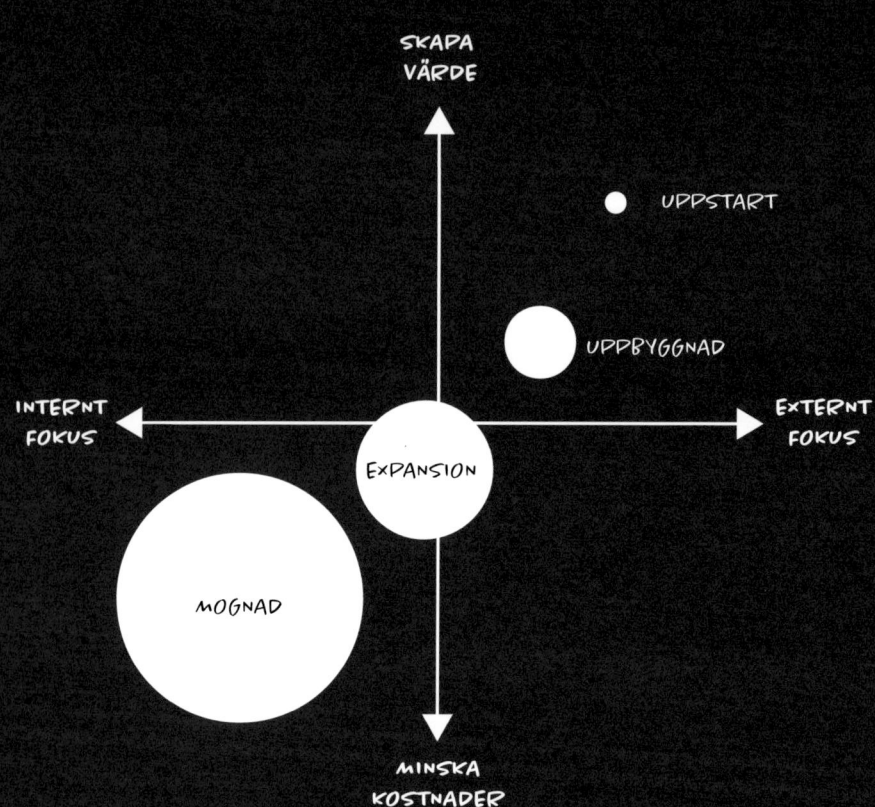

VÄRST ÄR DET FÖR MOGNA ORGANISATIONER

Varför har då många organisationer så förtvivlat svårt att ställa om till den nya digitala verkligheten? Jo, det har sin förklaring i var de befinner sig i sin livscykel, vilken kan sägas bestå av fyra faser. Vi tittar närmare på dessa!

Uppstartsfasen handlar om att hitta sitt erbjudande och sin marknad. Att försöka förstå potentiella kunders behov och testa olika idéer och lösningar.

I *tillväxtfasen* gäller det att skaffa resurser och förmågor att etablera sig ordentligt på marknaden.

I *expansionsfasen* fokuserar organisationen på att expandera sina marknadsandelar och på att erövra nya geografiska marknader.

I *mognadsfasen* optimeras verksamheten för att maximera avkastningen till ägarna. Mjölka kossan som det brukar kallas i äldre marknadsekonomisk teori.

Under denna resa har organisationen gradvis förflyttat sitt fokus från externt värdeskapande till intern effektivisering. Det som byggts upp ska förvaltas. Samtidigt växer byråkratin till följd av bristande fokus på värdeskapande och en förkärlek för att bygga och vidmakthålla strukturer. Det är här organisationen tappar kontakten med verkligheten, vilket förstås är livsfarligt.

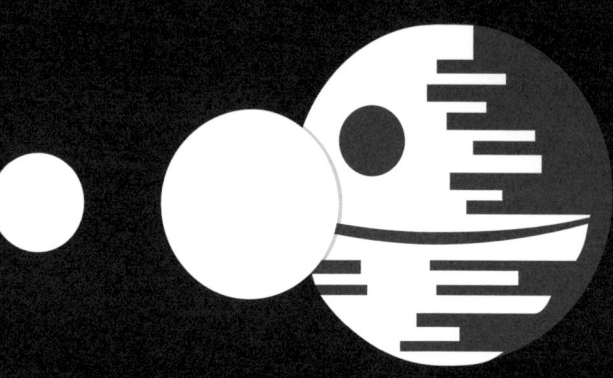

UPPSTART   UPPBYGGNAD   EXPANSION   MOGNAD

VERKSAMHETENS LIVSCYKEL

KREATIVITET   **EFFEKTIVITET**

KREATIVITET GER VIKA FÖR EFFEKTIVITET

Under denna resa från uppstart till mognad har det skett en gradvis förflyttning i vilka förmågor som värderas inom organisationen. Därmed har många av de förmågor som organisationen hade i uppstartsfasen om inte helt gått förlorade så i alla fall decimerats rejält.

Detta gäller inte minst den kreativa förmågan, alltså förmågan att hitta nya lösningar på problem och behov. Den förmåga som är så central för organisationens överlevnad i tider som dessa. Nya idéer, även de som inte är särskilt omvälvande, uppfattas istället som störmoment. "Maskinen" måste mala på för att maximera produktionen och därmed avkastningen till aktieägarna.

Den som själv varit med på resan från en startup till ett moget företag kan säkert känna igen detta. I början finns inte så mycket struktur, utan det är mycket "skjuta från höften". Kulturen är entreprenöriell med en stor dos vilja, mod och kreativitet. Men den är också kaotisk och i takt med att företaget växer gör det ont med denna typ av kaos. Därför kommer nya personer in med uppdraget att bygga strukturer som skapar ordning och främjar tillväxt och effektivitet. De har med sig attityder och beteenden som passar med dessa strukturer. Fler rekryteras för att bygga och slipa vidare på systemen. Och på den vägen är det. Det sker en tyst och långsamt malande revolution, vilket inte sällan innebär att grundaren och entreprenören vid något tillfälle tvingas lämna skeppet.

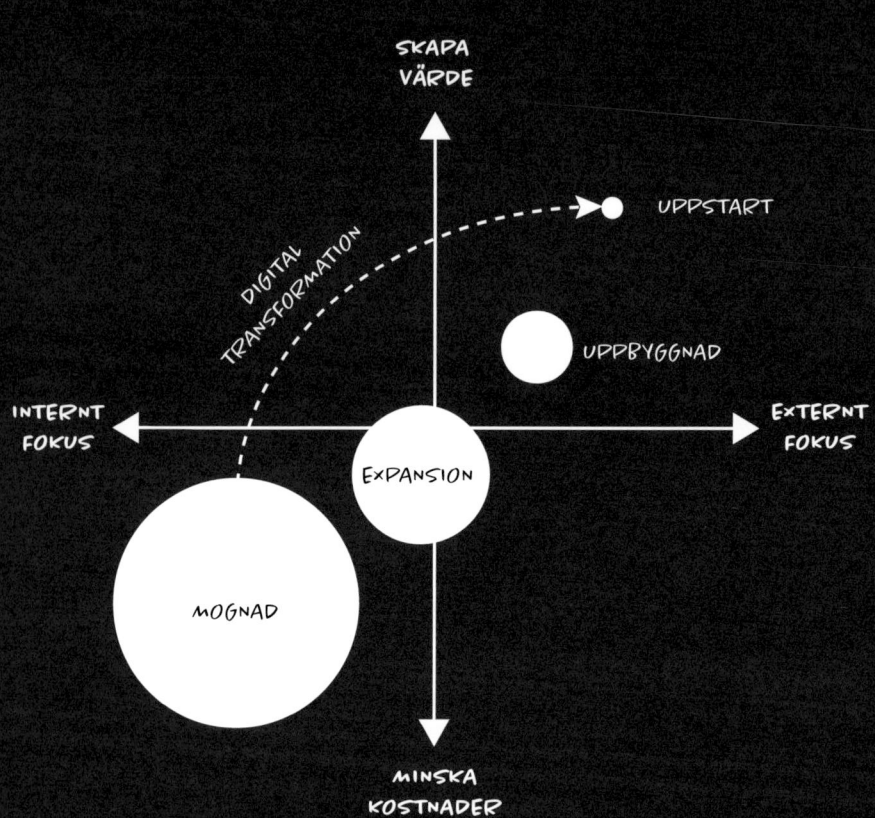

SKAPA
VÄRDE

UPPSTART

DIGITAL
TRANSFORMATION

UPPBYGGNAD

INTERNT
FOKUS

EXTERNT
FOKUS

EXPANSION

MOGNAD

MINSKA
KOSTNADER

EN DIGITAL TRANSFORMATION ÄR NÖDVÄNDIG

"Det sociala nätverket kommer vara den nya produktionslinjen i ett företag."

Ginni Rometty, VD på IBM

Digital transformation. Var menas egentligen med det?

I grund och botten handlar det ofta om att vända ett gigantiskt fartyg som fått kraftig slagsida mot effektivitet och är inställd på fel kurs utan förmåga att ändra kurs snabbt nog. Det måste balanseras upp på rätt köl igen, med den typ av kreativitet och andra egenskaper som fick det att flyta och röra på sig från början. Som exempelvis snabbrörlighet, att snabbt kunna ändra kurs när nya möjligheter, hot eller hinder dyker upp.

På sätt och vis kan man säga att organisationen genom en digital transformation ska hitta tillbaka till sitt "startup-jag" igen. Den måste återaktivera det som en gång utgjorde grunden för dess framgång. Modet. Nyfikenheten. Samarbetet. Kreativiteten.

Digital transformation inte är möjligt utan digitalisering. Organisationen måste utnyttja de möjligheter som digital teknik ger att komma nära kundernas verklighet, att hitta, lära känna och samarbeta med varandra, att lösa problem och skapa nya saker tillsammans - trots att det är många människor som ibland befinner sig långt ifrån varandra både geografiskt och organisatoriskt.

LEDARE

SKAPAR VISIONER

INSPIRERAR

GÖR RÄTT SAKER

BRYTER REGLER

UPPMUNTRAR NYA IDÉER

SÖKER MÖJLIGHETER

BYGGER TILLIT

CHEF

STYR MOT MÅL

INSTRUERAR

GÖR SAKER RÄTT

FÖWER REGLER

BYGGER STRUKTURER

MINIMERAR RISKER

KONTROLLERAR

LEDARSKAP ÄR VIKTIGARE ÄN NÅGONSIN

Jeff Bezos. Marc Benioff. Marc Zuckerberg. Elon Musk. Larry Page. Förvisso idel män, men de har också något annat gemensamt - de leder de företag som de en gång grundade trots att företagen sedan länge lämnat uppstartsfasen. Amazon. Salesforce. Facebook. Tesla. Alphabet (Google). Steve Jobs hade med säkerhet fortsatt leda Apple om han hade varit vid liv idag.

Det finns ett skäl till att de stora techbolagen fortfarande leds av sina grundare: *ledarskap*. Deras förmåga att se och staka ut en framtid de själva tror på och att sedan förmedla denna till sina medarbetare och få dem också att tro på den.

Chefskap handlar om att, i kraft av en formell befattning, styra arbetet i en befintlig verksamhet. Att se till att arbetet flyter på som det ska. Ledarskap handlar istället om att driva förändring som människor tror på. Ett annat sätt att uttrycka det på är att chefskap går ut på att styra underordnade medarbetare till att göra saker rätt, medan ledarskap går ut på att motivera och påverka sina medarbetare till att göra rätt saker.

I en värld av osäkerhet och ständig förändring behöver vi någon som visar oss vägen, någon med visioner och förmågan att förmedla dessa och att få oss tro på dem. Den högsta chefen i en organisation måste först och främst vara en ledare. Det gäller dock inte bara högst upp. Ledarskap behövs på alla nivåer. Även på individuell nivå genom självledarskap i det dagliga arbetet.

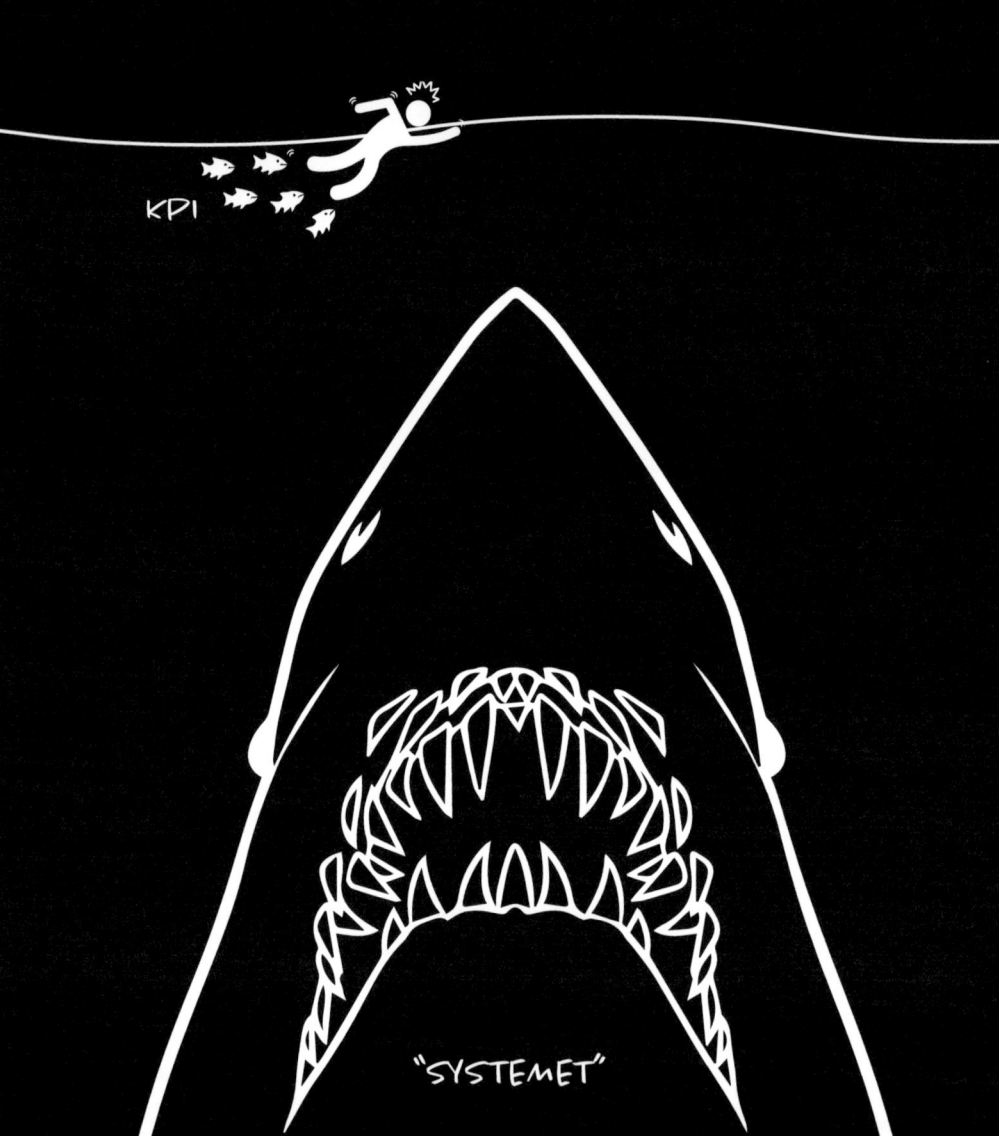

ÖVERVINN HOT OCH HINDER

"Oavsett typen av kultur, eller hur nydanande
den må ha varit i dess begynnelse, desto längre
gruppen existerar och större den växer sig, desto
mer konservativ kommer den att bli. Detta är ett
oundvikligt resultat av önskan att hålla sig fast i det
som människor har gjort eller byggt och att förlita
sig på beprövade sätt att behålla status quo. Denna
smygande konservatism leder ofta till gruppens
död eftersom gruppen sakta förlorar förmågan att
anpassa sig."

FRÅN "THE LAWS OF HUMAN NATURE" AV ROBERT GREENE

DIGITALISERINGS-BINGO

DIGITAL TRANS-FORMATION	DISRUPTION	KUND-UPPLEV-ELSE	INNOVATION	RPA
STARTUP	DESIGN-TÄNKANDE	DIGITALI-SERING	CHIEF DIGITAL OFFICER	LEVANDE BETA
VR / AR / MR	DIGITALT LABB	UPPLEV-ELSE-DESIGN	DIGITAL TVILLING	CODING DOJO
SAKERNAS INTERNET	GROWTH HACK	OMNI-KANAL-STRATEGI	HACKATON	BLOCK-CHAIN
DIGITAL STRATEGI	EKOSYSTEM	AI	AGIL UTVECKLING	PROTOTYP

ALLT 'DIGITALT' AVFÄRDAS SOM TRAMS

Många avfärdar alla ord som innehåller eller har fått ordet digitalt framför sig som floskler. Det är inte helt ovanligt att höra resonemang i stil med följande:

> *"Trams, vi har ju alltid hållit på med strategi! Nu sätter några ordet 'digital' framför och då vet de plötsligt mer än vi som arbetat med strategi i årtionden!"*

Det är viktigt att vara kritisk. Likaså att ta tillvara på den kunskap och erfarenhet som finns. Men att kategoriskt avfärda digitaliseringens påverkan på hur vi tidigare uppfattat och gjort saker är potentiellt förödande för en organisation.

Låt oss ta just strategi som exempel. Strategi handlar förvisso fortfarande om att formulera visioner och mål och att fatta informerade beslut för att nå dit. Det finns dock en viktig skillnad idag gentemot för bara några år sedan. Den snabba digitala teknikutvecklingen gör nämligen att det går att se helt nya mål och visioner. De spelregler och antaganden som vi hittills baserat våra visioner, mål och informerade beslut på – våra strategier - har förändrats i grunden.

Skälet till att sätta ordet "digital" före ordet "strategi" är alltså för att strategin måste utgå från de nya förutsättningarna - de digitala spelreglerna.

TIDIGARE FRAMGÅNG FÖRBLINDAR

"Framgång är en usel lärare. Den lurar människor att tänka att de inte kan förlora."

BILL GATES, GRUNDARE AV MICROSOFT

Grundaren av ett framgångsrikt detaljhandelsföretag höll inför julledigheten varje år ett tal till de anställda. Hen brukade börja med prata om gemenskap, om hur viktiga alla medarbetare var för företaget. Men ganska snart gled talen över i hur många saker som kunde förbättras. Att hoten och utmaningarna framöver var många. Nej, det var rentav kris! Medarbetarna kliade sig i huvudet, i alla fall de som inte hade hört julialen förut. De hade just lagt sitt mest framgångsrika år hittills bakom sig, det senaste i en lång rad av framgångsår. Hur kunde det vara kris?

Det är förstås svårt att tro på tal om hot, utmaningar och kriser när alla tecken visar på motsatsen. Vi tänker oss framtiden som linjär, alltså att det kommer fortsätta på den inslagna vägen. Men i verkligheten är varje ny dag ett oskrivet blad. Det enda som är säkert är att vi tenderar att slappna av när det går bra. Vi blir "fat and happy". Vi ställer oss på hälarna istället för att vara på tårna. När sedan förändringen plötsligt kommer tappar vi balansen. Mot bakgrund av detta är det lättare att förstå grundarens intentioner med talet om kris i julialen. En modernare ledare hade dock fokuserat på möjligheterna istället för att försöka skrämma medarbetarna till att skärpa sig. Engagerat dem i en förändring som hen själv tror på.

Baserad på en illustration av Linus Öhman

DET FINNS INGEN KÄNSLA AV BRÅDSKA

Talesättet "en groda ska kokas sakta" säger att om man lägger en levande groda i kallt vatten och värmer upp vattnet långsamt så märker grodan inte vad som händer.

Just så är det för många organisationer som ännu inte utsatts för digitaliseringens hårda verklighet i form av exempelvis omstörtande, så kallat disruptiva, innovationer. Möjligen kan de ana något borta vid horisonten, men det är inte något akut eller nära förestående. Stubinen till digitaliseringsdynamiten brinner förhållandevis långsamt. Precis som för grodan märks det knappt alls att värmen stiger. Men så småningom blir det smärtsamt och då är det redan för sent. Det går inte att ta sig ur kastrullen.

Poängen är att en organisation har svårt att agera på signaler om förändring om den inte orsakar direkt smärta, till exempel hastigt vikande försäljning. Det går nog bra att vänta lite innan det är nödvändigt att göra något, lyder resonemanget. Följden blir att organisationen inte förbereder sig tillräckligt. När sedan förändringen kommer står alla som handfallna. Det är för sent att göra något.

Fotnot: Forskning har visat att grodor visst märker vad som händer när vattnet sakta värms. Den redovisar dock inte hur de empiriska studierna såg ut.

AFFÄRSMODELLEN FUNGERAR SOM EN FOTBOJA

När det världsledande detaljhandelsföretaget började införa e-handel i början av 2000-talet var det en funktion som höll på att stjälpa allt: 'Click & Collect'. Alltså, att kunden beställer sina varor på nätet och hämtar dem i närmsta varuhus.

Problemet var att denna funktion riskerade bryta sönder den affärsmodell som varit företagets vinnande koncept under så många år. Kunderna skulle till varje pris lockas till det fysiska varuhuset. Varje varuhus var ansvarigt för sin egen försäljning och kostnader, med tydliga säljmål och incitament att öka försäljningen och vinstmarginalen. Men hur skulle det fungera om kunden plötsligt började beställa allt på nätet och hämta varorna i varuhuset? Vem skulle tjäna pengarna?

Funktionen stoppades av företagets ledning. Det ryktades att ledningen till och med diskuterade att lägga ned hela e-handelssatsningen. Inget fick riskera affärsmodellen!

Drygt femton år senare har företaget tvingats anpassa sig till konsumenternas förändrade förväntningar och beteenden. Affärsmodellen håller på att ses över, och nya affärsmodeller införs bredvid den gamla. Det pågår en radikal och omfattande förändring av hela verksamheten. I elfte timmen, minst sagt. Vad hade hänt om ledningen redan för femton år sedan hade förstått vart utvecklingen var på väg? Om den hade vågat satsa på förändringar som ökat värdet för kunderna? Vi kommer förstås aldrig få veta.

VI DRAR VIDARE.
STANNAR VI HÄR RISKERAR
VI OCKSÅ ATT DÖ AV
DIGITALISERING.

DIGITALISERINGEN FÅR INTE STÖRA ARBETET

Ett antal chefer och personer i ledande befattning på ett industriföretag hade bildat en digital transformations-grupp. De var alla mycket nyfikna på och engagerade i digitaliseringsfrågor. De hade varit på föreläsningar och deltagit i seminarier och workshops tillsammans. De hade plöjt artiklar och presentationer.

De förstod att digitaliseringen - åtminstone på några års sikt - skulle få stor påverkan på såväl deras företag som deras karriärer. Om de inte stärkte sin digitala kompetens skulle de på sikt bli oattraktiva på arbetsmarknaden. De hade bildat gruppen för att de såg att företaget behövde den - men också av ren självbevarelsedrift.

Gruppen hade fått sitt arbete sanktionerat av ledningen. Problemet var att arbetet mer eller mindre förväntades ske ovanpå allt annat arbete. Det fick inte inkräkta för mycket på deras dagliga arbete. Därmed var initiativet från början dömt att misslyckas. Ingen förändring kan ske utan att tid och resurser avsätts för den. Verklig förändring sker dessutom i verkligt arbete, inte i PowerPoint-presentationer eller på möten.

En cynisk person hade kunnat konstatera detta redan när gruppen bildades. Företaget ägdes av ett riskkapitalföretag som ville sälja det inom några år. Ledningens uppdrag var att skydda tillgången fram tills dess, inte riskera den med långsiktigt tänkande. Bye, bye framtid.

Månadens mest upptagna anställde

Tid för reflektion

Tid som upptagen

Andel möten per dag

Inkomna mejl per dag

Kopierad på flest mejl

1000+ möten

PowerPoint-ninja

Mästare i otillgängllighet

ALLA ÄR FÖR UPPTAGNA MED ANNAT

Om någon är upptagen signalerar det att denne är eftertraktad. Därför blir en upptagen person mer eftertraktad, och därmed mer upptagen. Och är någon upptagen måste denne vara framgångsrik. Enligt myten i alla fall.

Forskningen pulveriserar dock denna myt fullständigt. För att bli framgångsrika behöver vi nämligen må bra. Det gör vi förstås inte när vi är tokupptagna och stressar för att hinna med allt vi tagit på oss. Dessutom - hur ska vi hinna med att vara kreativa och lära oss nya saker när vi är upptagna hela tiden? Det gör vi inte. Kreativitet frodas vid avkoppling (dock inte kravlös) och flyr vid stress, lärande likaså.

Den upptagenhetskultur som är så stark i många organisationer är inte bara giftig för medarbetarna, utan i förlängningen ett hot mot organisationens hela existens. Tid måste frigöras till reflektion, skapande och lärande. Forskningen säger även att vi som individer når maximal effektivitet vid 70–80 procents beläggning. Den som fyller sin arbetsdag till 100 procent är därför mindre produktiv än den som fyller den till 80 procent. Vi behöver nämligen en viss mängd så kallad "slack" för att vara maximalt produktiva. Om vi dessutom förväntas vara kreativa och förnya verksamheten - ja då behöver vi nog betydligt mer utrymme än de 20 procent som blir över.

Ledarskapet måste börja agera utifrån vad forskningen säger. Och sluta vara fanbärare för en upptagenhetskultur.

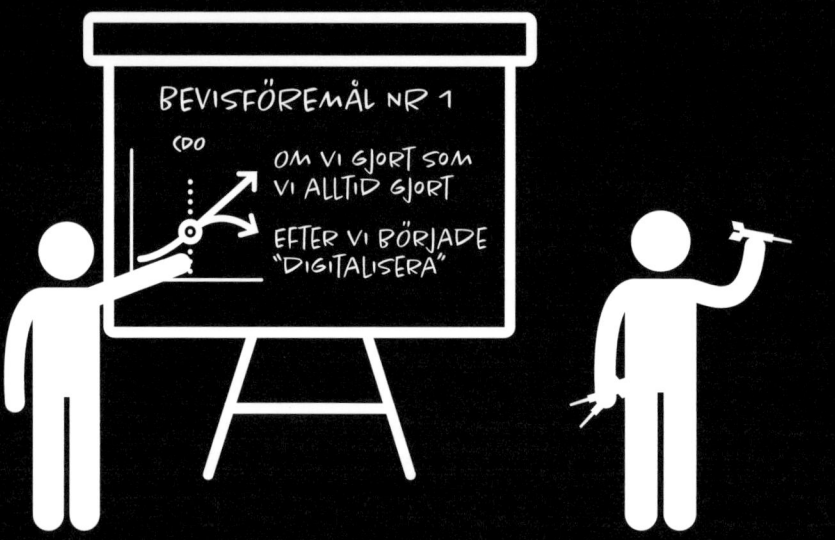

ORGANISATIONEN SKAFFAR SIG DIGITALA ALIBIN

När trycket utifrån på digitalisering är stort och insikten ännu saknas inom organisationen att den behöver förändras i grunden är det inte ovanligt att den skaffar sig ett digitalt alibi. Ett digitalt alibi kan vara att investera i ett coolt men isolerat teknikprojekt, att etablera ett innovationslabb eller att gå med i ett samarbete kring nya tekniker och innovationer där kända innovativa företag ingår.

Det vanligaste digitala alibit är nog trots allt att rekrytera en digital chef. En "Chief Digital Officer", eller vad man nu väljer att kalla rollen. Genom att rekrytera en digital chef tänker ledningen att hela organisationen inte behöver påverkas av digitaliseringen. Det där med digitalisering kan den digitala chefen hålla på med i sin lilla låda, vid sidan av den löpande verksamheten.

De personer som rekryteras till dessa roller kommer ofta in med en stor dos ambition, kreativitet och kompetens. Inte sällan kommer de från en bransch i teknikutvecklingens framkant där det finns en förståelse för digitaliseringens påverkan. Väl på plats i sin nya roll upptäcker de dock ganska snart att de varken ges mandat eller budget. De förväntas lufsa omkring i korridorerna och sprida sin digitala vision medan alla andra fortsätter som vanligt. När det sedan inte går så bra med digitaliseringen, helt enkelt för att det inte skett något, blir den digitala chefen en perfekt syndabock. En digital målvakt som får klä skott för den uteblivna digitaliseringen och transformationen.

TRADITIONEN KVÄVER ALL INNOVATION

Ett av alla "memes" (virala budskap) som sedan länge cirkulerar på Internet går under namn som "The most dangerous phrase in business" eller "The 7 most expensive words in business". Den farliga meningen med de sju dyra orden är: "We have always done it this way". Eller "så har vi alltid gjort" som vi skulle säga på svenska. Att det är fem ord istället för sju innebär inte att de är mindre farliga eller mindre dyra. Bara dyrare räknat per ord.

År 2000, när Netflix ännu var en nykomling, mötte företagets vd och medgrundare Reed Hastings den amerikanska videouthyrningskedjan Blockbusters ledning för att föreslå ett partnerskap. Förslaget var att Netflix skulle ta hand om Blockbusters digitala tjänster. I gengäld skulle Blockbuster ta hand om Netflix fysiska DVD-uthyrning. Hastings sägs ha blivit totalt utskrattad under mötet. Blockbuster fortsatte fokusera på sina fysiska videobutiker. År 2013 försattes Blockbuster i konkurs.

Digitaliseringen till trots fortsätter de flesta organisationer att göra som de alltid, eller åtminstone sedan lång tid tillbaka, brukat göra. De fortsätter baka sina bakverk utifrån samma recept, men möjligen lite effektivare för att kapa kostnader och öka vinsten. Sedan lägger de digitala lösningar ovanpå det, som "digitalt strössel". De digitaliserar sitt skyltfönster, men erbjuder i grund och botten samma bakverk. Även om det digitala strösslet smakar gott så är problemet att vi inte gillar bakverket lika mycket som tidigare. Vi har fått smak för godare från andra ställen.

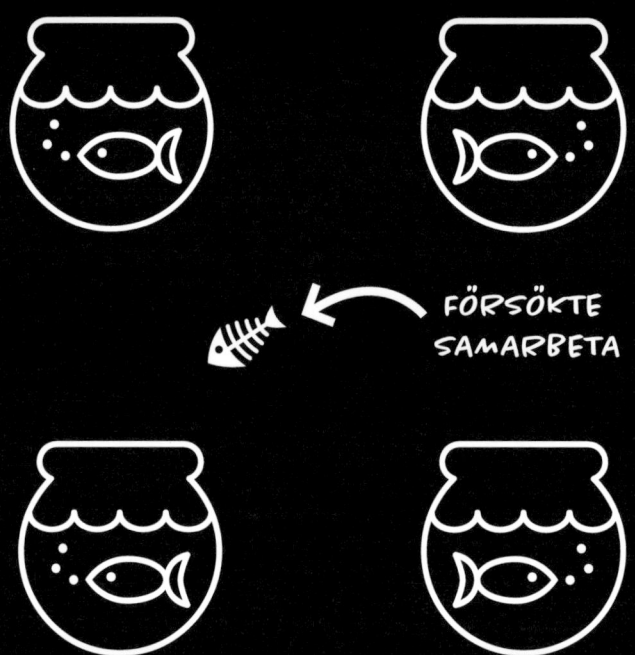

FÖRSÖKTE
SAMARBETA

STUPRÖR FÖRSVÅRAR SAMARBETE

En bra digital chef skulle kunna göra underverk med rätt mandat och budget. Om nu inte alla satt så djup fast i sina *organisatoriska stuprör*, eller silos som de också kallas ibland.

Organisatoriska stuprör uppstår naturligt som en konsekvens av att en organisation växer. Organisationen samlar då normalt resurser och människor med liknande uppgifter och kompetens i olika organisatoriska enheter. Inköpsavdelning. Marknadsavdelning. Forsknings- och utvecklingsavdelning. Kundtjänst. It-avdelning. Och så vidare. Dessa får sedan mål som gör att de motiveras att göra det de gör snabbare, billigare och bättre. Det kallas även *specialisering*.

Problemet är att det samtidigt inte etableras några strukturer och lösningar som gör det enkelt att dela och samarbeta på tvärs över de olika organisatoriska enheterna. Dessutom bestraffas denna typ av samarbete. De mål som sätts för att göra en organisatorisk enhet effektivare premierar normalt inte att den hjälper eller samarbetar med andra enheter.

Medarbetare som försöker samarbeta på tvären under dessa förutsättningar ger sig ut på ett sorts kemikazeuppdrag. Åtminstone när det gäller deras möjligheter att göra karriär inom organisationen.

NYCKELTALSHETS LEDER IN I FÖRDÄRVET

På ett detaljhandelsföretag hade den ansvarige för etableringen av nya fysiska butiker som mål att öppna åtta procent fler butiker per år. Men de senaste åren hade det blivit allt svårare att få nyöppnade butiker lönsamma. Nya kundbeteenden innebar att kunderna helt enkelt handlade mindre i fysiska butiker och mer på nätet. Hen presenterade övertygande data som förklarade detta för sin chef och föreslog att en del av budgeten för nyetablering istället kunde göra mer nytta inom andra områden. Chefen bad hen att ändå skulle försöka nå målet. Chefen måste ju nå sina mål och att uppvisa en butikstillväxt om minst åtta procent var ett av dem.

Vad gör man när de nyckeltal som används för att mäta framgång inte längre gäller? Och när den oförstående eller riskovillige chefens bonus är kopplad till dessa? Ja, i en organisation som tänker och agerar långsiktigt skulle modet att ändra nyckeltalen finnas. Alltför många organisationer styrs dock av kortsiktigt tänkande och individuell vinning. Det finns inget utrymme för kritiskt och långsiktigt tänkande där organisationens fortlevnad sätts före målet att nå sin egen bonus.

Om förutsättningarna i verkligheten har förändrats dramatiskt går det förstås inte att låtsas om som att allt är som vanligt. Åtminstone inte särskilt länge. Återigen krävs riktigt ledarskap för att undvika att organisationen hamnar i ett läge där nyckeltalen leder den i helt fel riktning.

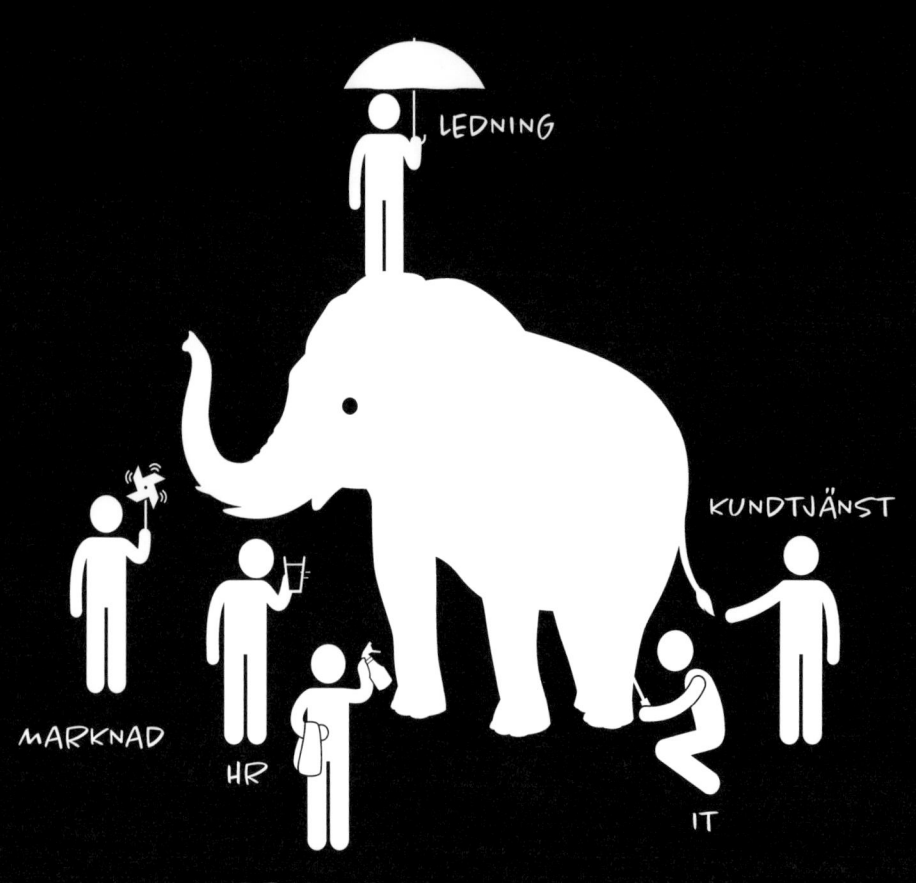

FELBESLUT SKER NÄR HELHETSBILDEN SAKNAS

I den indiska berättelsen om de sex blinda männen och elefanten är männen experter på olika delar av elefanten. När en elefant blir sjuk anlitas de alla för att hitta den bakomliggande orsaken. De känner på var sin del av elefanten och berättar därefter vad de känner för varandra. Men var och kan bara beskriva elefanten från sitt eget perspektiv. Ingen av dem ser helheten. Följden blir att de inte kan diagnostisera elefanten och ge den rätt vård.

I en stor organisation med många organisatoriska stuprör faller det sig naturligt att ledare och beslutsfattare saknar en gemensam helhetsbild av verksamheten. De har alla sina egna perspektiv och uppfattningar om vad som behöver göras och varför. De fattar beslut som uppfattas som perfekt rationella utifrån den begränsade bild de själva har, men som riskerar orsaka skada för verksamheten som en helhet.

Ett marknadsledande tillverkningsföretag hade svårt att gå över från manuella beställningar av sina produkter till e-handel. De fick inte ihop it-systemen över hela kedjan från beställning till tillverkning. Felet visade sig dock inte ligga på databasfältnivå som de hade trott från början. I själva verket hade ingen del av kedjan en helhetsbild av produkten. Även ordet produkt hade olika innebörder för olika organisatoriska enheter. Istället för att samlas och tillsammans skapa en helhetsbild av produkten och reda ut begreppen valde de att försöka hitta nya tekniska lösningar och bygga runt problemet. Vad jag har hört har de inte lyckats än, snart sju år senare.

VILKA ÄR DET SOM STÖR OSS JUST NÄR VI SKA TÄNKA UT NÄSTA KASSAKO?

NÅGRA SOM KALLAR SIG "KUNDER". SKA VI AVHYSA DEM?

BESLUT FATTAS LÅNGT FRÅN VERKLIGHETEN

I små organisationer är medarbetarna ofta nära varandra. De har också nära till kunderna. När organisationen sedan växer bortom ett par dussin medarbetare börjar den normalt delas upp i mindre enheter som specialiserar sig på olika uppgifter, till exempel försäljning och produktion. Medarbetarna interagerar nu mest med kollegorna i den egna gruppen och de som är fysiskt nära. Avståndet till andra kollegor växer, likaså avståndet till kunderna. Vissa grupper såsom försäljning och kundtjänst tar nu över ansvaret för interaktionen med kunderna så att övriga kan fokusera på sina arbetsuppgifter utan att "bli störda" av kunderna.

När verksamheten effektiviseras för att kunna hantera fler kunder och bli mer lönsam är det vanligt att allt mer av kundinteraktionen automatiseras med hjälp av digital teknik. Kunderna blir nu allt mindre synliga och alltmer avlägsna. Vilket innebär att allt fler viktiga beslut om förändringar fattas utifrån antaganden som är allt mindre förankrade i kundernas verklighet. I en tid när kundernas beteenden och förväntningar förändras snabbt är detta förstås ödesdigert.

Det är ingen slump att en av Ikea-grundaren Ingvar Kamprads nio teser var "se till att ha din arbetsplats nära verkligheten". Han visste hur farligt det är att tappa kontakten med kunderna och deras verklighet. Lika farligt är det att betrakta det som sker digitalt som mindre verkligt än det som sker i till exempel ett fysiskt varuhus.

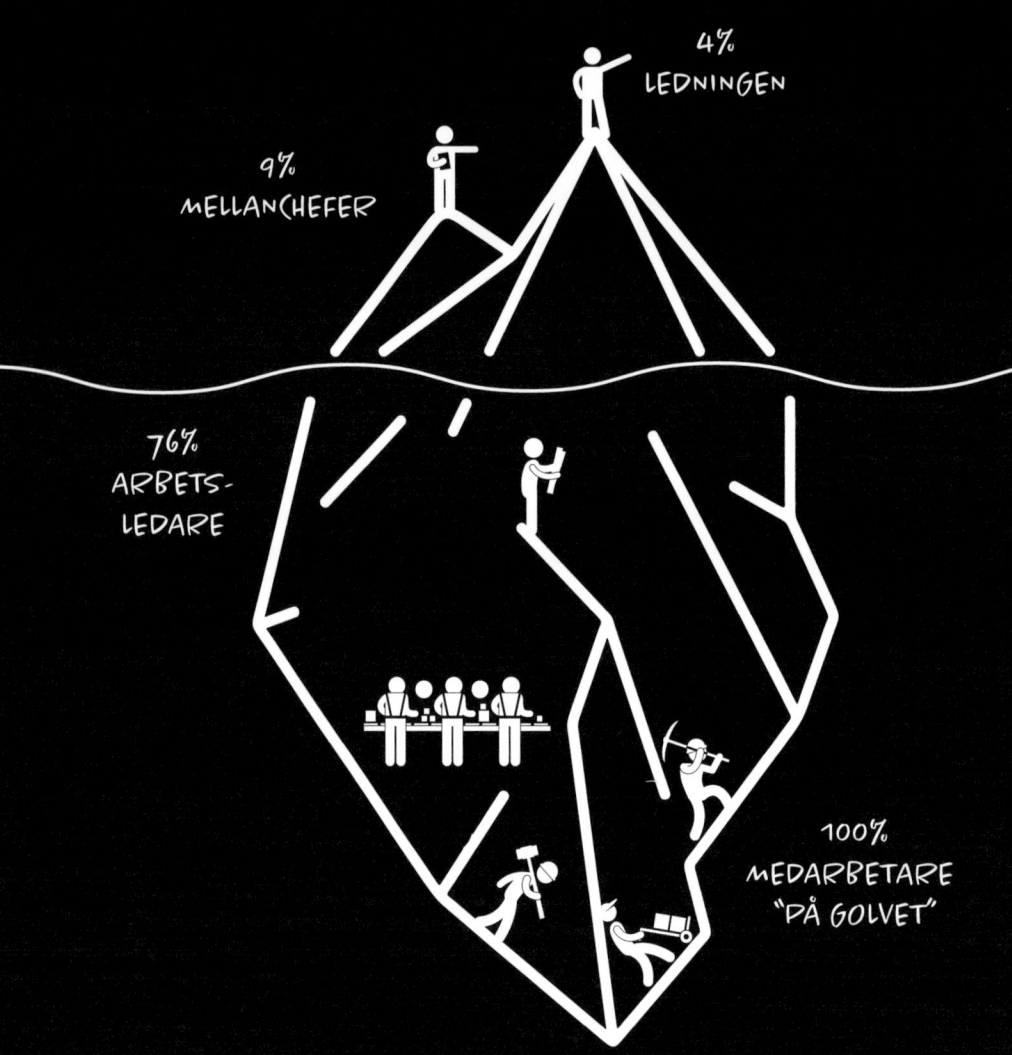

LEDNINGEN SER INTE PROBLEMEN PÅ GOLVET

Isberg är tacksamma som metaforer för att beskriva situationer där någon inte ser hela bilden utan bara det som sticker upp ovanför vattenytan. 1989 introducerade konsulten Sydney Yoshida just isberget som metafor för att illustrera att ledningen i en organisation endast har kunskap en liten del av de problem som finns i dess verksamhet.

Metaforen grundar sig på den vanligt förekommande uppfattningen att 100 procent av problemen i en verksamhet är kända av medarbetarna "på golvet" och att arbetsledarna i sin tur känner till 74 procent, medan mellancheferna endast känner till nio procent and ledningen så lite som fyra procent. Eftersom ledningen fattar de mest avgörande besluten, de som påverkar verksamheten som en helhet, är denna okunskap potentiellt sett helt förödande.

Det ska sägas att omvänt har förstås medarbetare "på golvet" motsvarande okunskap om de problem som ledningen brottas med. Att två så vitala delar av en verksamhet bara har en ytterst marginell (fyra procent) förståelse för varandras problem och därmed varandras arbetssituationer är förstås inte bra.

Poängen är alltså att vi ofta inte inser vår egen okunskap och att vi borde lyssna på andra än bara de i vår omedelbara närhet för att vi ska kunna fatta rätt beslut.

VAD MOTIVERAR EN KREATIV KUNSKAPSARBETARE?

MÅL & NYCKELTAL

SYFTE & VISION

ORDER

AUTONOMI

KONTROLL

EN
SCHYSST
LÖN

TILLIT

KONKURRENS

SAMARBETE

EXKLUSIVITET

TILLHÖRIGHET

VAD VÅRA GAMLA
ANTAGANDEN SÄGER

VAD FORSKNINGEN
SÄGER

FEL ANTAGANDEN STYR ORGANISATIONEN

Många organisationer styrs utifrån felaktiga antaganden. Alltså, de är felaktiga sett utifrån hur organisationen behöver fungera för att överleva på sikt. Idag gäller som tidigare beskrivits nya spelregler som sätter tidigare antaganden om hur saker fungerar ur spel. Oförmåga att se detta och ifrågasätta och förändra sina befintliga antaganden gör att det inte spelar någon roll hur mycket som investeras i exempelvis digitala lösningar. Lösningarna blir då bara till dimridåer som döljer de verkliga problemen som behöver lösas.

Ta till exempel vad som motiverar medarbetare som utför kreativt kunskapsarbete. Många tror fortfarande att olika monetära incitament (pengar) såsom bonusar, eller för den delen en finare titel, motiverar dessa medarbetare att göra ett bättre jobb. En fet bonus eller en fin titel kan förvisso locka många till ett jobb, men de gör dem inte bättre på att utföra sina jobb.

Det är då långt viktigare att ge alla medarbetare rätt förutsättningar att utföra sina jobb så bra som möjligt. Ta bort administrativa bördor. Förenkla samarbete. Öka möjligheten att fatta självständiga beslut. Skapa förutsättningar för kontinuerligt lärande och utveckling i arbetet. Men framför allt ge dem mening. Meningsfulla arbetsuppgifter. Ett sammanhang där de känner att de spelar en roll. Ett syfte och en vision att tro på. Med en bra och rättvis lön slipper de bli distraherade eller oroade av det ekonomiska. Istället kan de fokusera på att bli bättre på sina arbetsuppgifter och på att skapa värde tillsammans.

DIGITALISERINGEN DRIVS PÅ FEL GRUNDER

Digitaliseringsinitiativ som görs utan förståelse för den enskilde medarbetarens arbetssituation ökar pressen och försämrar dennes arbetsförmåga. Detta är ett vetenskapligt bevisat faktum. Än värre blir det när det drabbar de medarbetare som både förväntas leda förändringarna och hjälpa sina kollegor hantera den ökade pressen. Cheferna. Organisationen hamnar i en negativ spiral av försämrad produktivitet och innovationsförmåga.

För att lyckas med digitaliseringen krävs ett engagerat, empatiskt och kommunikativt ledarskap som i alla lägen kan leda och visa vägen. En stor del av detta ledarskap förväntas cheferna ta. Samtidigt läggs allt mer ansvar och arbetsuppgifter på deras bord och deras arbetsmiljö blir alltmer komplex. När det exempelvis sparas på en stödfunktion som personalavdelningen innebär det ofta att cheferna får fler arbetsuppgifter och tvingas ta mer ansvar. Det är ett klassiskt exempel på suboptimering. Kostnaderna för en enhet ska minskas genom att en del av dess arbete läggs ut på andra inom organisationen. Inte sällan visar det sig då att ännu större kostnader skapas i andra delar av organisationen, till exempel som en följd av förlorad produktivitet.

Tillbaka till cheferna. Har pressade chefer tid och kapacitet att hantera pressade medarbetare? Nej. Ekvationen går helt enkelt inte ihop. Istället bidrar chefernas bristande närvaro till att fler medarbetare blir sjuka.

DE INTERNA KLOCKORNA HAR STANNAT PÅ 1995

Innehållet i våra jobb håller på att förändras på ett dramatiskt sätt till följd av den snabba teknikutvecklingen. Ända sedan industrialismens början har det pågått ett skifte från fysiskt arbete till kunskapsarbete. Maskiner har tagit över alltmer av det fysiska arbetet. Istället arbetar en större del av organisationens anställda med att planera, organisera, styra och förbättra verksamheten. Men detta håller snabbt på att förändras när datorer och mjukvara tar över allt mer av det rutinbaserade kunskapsarbetet.

Parallellt med denna utveckling ökar det kreativa och samarbetsinriktade kunskapsarbetet både i omfattning och betydelse för de flesta organisationer. Detta kräver att vi förändrar hur vi arbetar, inte minst hur vi samarbetar med varandra. Många organisationer arbetar trots detta som om de har frusit fast i tiden, låt säga cirka år 1995. De förlitar sig helt på verktyg och arbetssätt som introducerades vid den tiden, såsom mejl, dokument och mobiltelefoner. Sedan dess har inte mycket mer hänt än att arbetssätten spritt sig från några få till samtliga medarbetare.

Verkligheten såg förstås helt annorlunda ut 1995 jämfört med idag. De arbetssätt som introducerades då är idag hopplöst föråldrade och ineffektiva. Ingen organisation har råd att stanna kvar i 1995. På samma sätt gör sig medarbetare som håller sig fast vid föråldrade arbetssätt sig själva oanställningsbara. Här finns ett ömsesidigt ansvar mellan arbetsgivare och arbetstagare att inse och agera på detta.

SPARA
PENGAR

KORTA
LEDTIDER

BÄTTRE
KONTROLL

| 3 | 1 | 2 |

 ANVÄNDARNÖJDHET

IT INFÖRS PÅ ETT DÅLIGT SÄTT

Under 1970- och 80-talen föll produktivitetstillväxten i USA:s ekonomi trots en hundrafaldig ökning av den totala datorkraften. Denna paradox summerade den amerikanske ekonomen Robert Solow år 1987 på följande sätt: *"Du kan se datoråldern överallt utom i produktivitetsstatistiken."*

Sedan *produktivitetsparadoxen* upptäcktes har åtskilliga studier försökt förstå relationen mellan it-investeringar och produktivitet. Den korta versionen är att de visat blandade resultat. Ibland verkar it-investeringarna ha haft en positiv påverkan på produktiviteten, andra gånger inte. Ibland har påverkan till och med varit negativ.

En studie som gick igenom tidigare gjorda studier av produktivitetsparadoxen kom fram till att paradoxen finns av en enkel anledning: organisationer är överlag dåliga på att införa informationsteknik. Mer specifikt förstår de inte att en ökad nöjdhet hos användarna ökar användandet av systemen, vilket därmed ökar produktiviteten. Just detta visade sig vara den röda tråden genom alla studier.

Vad händer då när en organisation sätter mål som att spara pengar eller korta ledtider överst på sin prioritetslista och användarnöjdhet långt ned? Jo, den skjuter sig själv i foten. Den kommer inte spara så mycket pengar eller korta ledtiderna så mycket som den vill, kanske inte alls. Den blir ännu ett studieobjekt för de som studerar produktivitetsparadoxen.

1 AV 10

UPPLEVER ATT DE HAR VÄL
FUNGERANDE STÖD FÖR DELNING
OCH SAMARBETE

30%

HAR FYSISKT ANGRIPIT SIN DATOR
ELLER DATORTILLBEHÖR

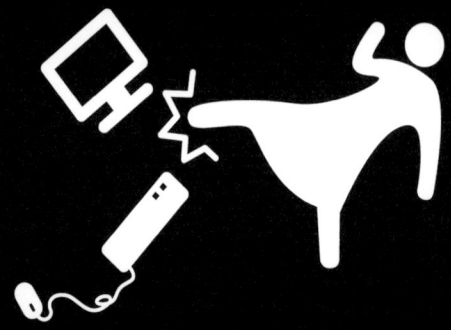

31%

STÄDAR HELLRE TOALETTEN ÄN ATT
RENSA SIN MEJLKORG

1 AV 3

ANSER ATT TEKNIKEN PÅ JOBBET
BEGRÄNSAR DERAS KREATIVA
FÖRMÅGA

DEN DIGITALA ARBETSMILJÖN FÖRVÄRRAS

Digital transformation kräver en omfattande förändring av ledarskap, kultur, kompetens och arbetssätt. Med andra ord - den handlar alltså om människor. Att utveckla en ny teknisk lösning är en barnlek jämfört med att förändra människors attityder, beteenden och kompetens. Ändå förväntas denna omställning ske i princip av sig självt, på initiativ av medarbetarna själva. Utan att de får incitament, tid eller stöd för detta.

Lägg därtill att medarbetarna ofta blir klämda mellan de ökande kraven på dem och en digital arbetsmiljö som hindrar istället för underlättar för dem. Den digitala arbetsmiljön har växt fram närmast organiskt, utan helhetssyn eller samordning. Som ett resultat har den blivit onödigt komplex, fragmenterad och svåranvänd. Nya system och verktyg införts ständigt utan att några tas bort eller att de integreras och harmoniseras till att skapa en så friktionsfri upplevelse som möjligt.

Medarbetarnas digitala arbetsmiljö utgör en blind fläck i den pågående digitaliseringen. Samtidigt är digitala arbetssätt som möjliggör gränslös digital kommunikation och samarbete en absolut förutsättning för lyckad digitalisering och digital transformation. Situationen är nästan skrattretande. Dåligt införande av nya lösningar minskar produktiviteten. Samtidigt ökar medarbetarnas stress och ohälsa till följd av en komplex digital arbetsmiljö, vilket i sin tur också minskar produktiviteten. Hallå! Vad håller dessa organisationer på med?

DUMSNÅLHET SKAPAR REAKTIVT BETEENDE

Mycket av det slöseri som uppstår inom en organisation kommer av att den tvingas agera på saker som hade kunnat förebyggas eller undvikas om de hade hanterats i ett tidigare skede. Till exempel skulle många frågor och klagomål som kunder ställer till kundservice undvikas om bara rätt information ges i ett tidigare skede, när kunden behöver den. Skadan är inte bara onödiga kostnader för kundservice, utan även en sämre kundupplevelse.

Bakom detta slöseri ligger ofta dumsnålhet. Typiska symptom är ständig brandsläckning när problem uppstår och växande lapptäcken av olika it-lösningar. Organisationen anser sig inte ha tid eller råd att göra de investeringar som krävs för att hitta och åtgärda det som orsakar symptomen. Följden blir att ännu mer av den tid och de resurser som behövs för att utveckla organisationens konkurrenskraft läggs på att släcka bränder och att lappa och laga. Detta är den främsta anledningen till att medarbetarnas digitala arbetsmiljö ser ut som den gör och inte förenklas och förbättras.

Vad värre är - det utvecklas en kultur av reaktivt beteende. Organisationen lär sig leva med att ständigt hantera plötsliga situationer av stress och panik. Panik som skapar tunnelseende och leder till dåliga beslut, men som också skapar stress och ohälsa bland medarbetarna. Organisationen uppfattas som en oattraktiv arbetsgivare och klarar inte attrahera och behålla kompetent personal. Vilket gör det än svårare att ta sig ur den onda spiralen.

INDIVIDER SKULDBELÄGGS FÖR SYSTEMFEL

Enligt Dr. W. Edward Demings 94/6-regel beror 94 procent av problemen i en verksamhet på systemfel. Endast sex procent beror på individer. Med systemfel menas exempelvis fel i organisationsstruktur, incitamentssystem, processer, rutiner och it-system. Demings regel uppmanar oss med andra ord att utgå från att det är något fel på systemet när ett problem eller fel uppstår. I de flesta fall kommer detta visa sig vara sant. Det är sedan ledningens ansvar att åtgärda systemfelen.

Detta sätt att tänka och agera är dock svårare än det låter. Det ligger i vår mänskliga natur att vi, när något går fel, instinktivt försöker hitta någon individ eller föremål att skylla felet på. Vi söker inte svaren i systemet. I vissa organisationer har beteendet att jaga syndabockar fått fritt spelrum och skapat en kultur av skuldbeläggande. Istället för att se och åtgärda systemfelen tillåts därmed att felen upprepas om och om igen.

En annan konsekvens av detta beteende är att förmågan till systemtänkande - alltså förmågan att se hur olika delar påverkar varandra inom en helhet - inte utvecklas. Det blir då väldigt svårt att göra den omställning som digitaliseringen kräver, det vill säga digital transformation. De systemfel som finns och som hindrar organisationen från att bli mer innovativ och snabbrörlig blir inte åtgärdade.

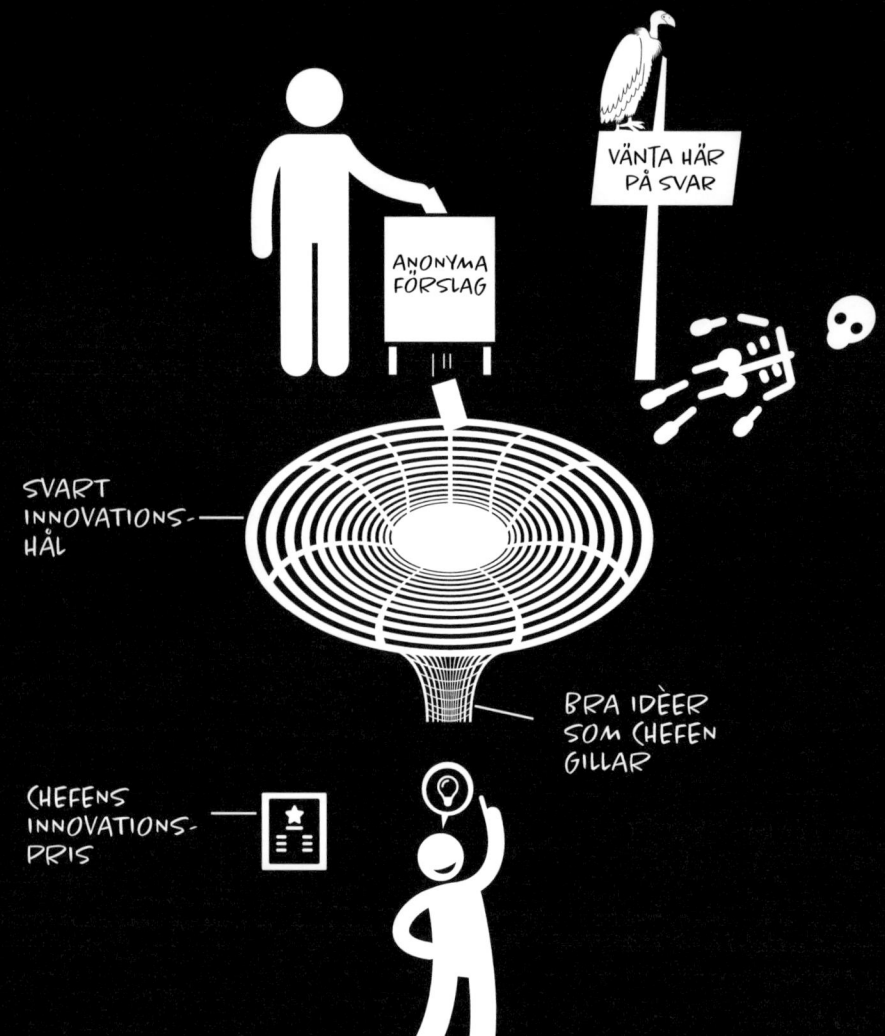

ANONYMA FÖRSLAG

VÄNTA HÄR PÅ SVAR

SVART INNOVATIONS-HÅL

BRA IDÈER SOM CHEFEN GILLAR

CHEFENS INNOVATIONS-PRIS

INNOVATION ÄR NÅGOT EN ELIT SKA SYSSLA MED

Det finns många myter kring innovation. Myten om den ensamme innovatören. Myten om den galna vetenskapsmannen. Myten att innovation främst händer i forsknings- och utvecklingslabbet. Forskningen slår dock hål på dessa myter. Till exempel kommer de flesta idéer från anställda, partners och kunder. Och det krävs gemensamma ansträngningar som kombinerar många olika perspektiv och kompetenser för att en idé ska bli verklighet.

Ändå väljer många organisationer att se innovation som något en liten utvald elit ska syssla med. Innovationsarbetet läggs i en låda vid sidan av som inte stör övrig verksamhet. Andra medarbetare ska inte befatta sig med innovation, utom då att lämna förslag förstås.

Förslagslådan som ibland används för att symbolisera innovation är förresten världens sämsta symbol för just innovation. Idéer samlas in anonymt och försvinner sedan i ett svart hål utan att medarbetarna får löpande återkoppling, eller erkännande om deras idéer blir verklighet. Alla band mellan medarbetaren och idén klipps av så snart den anonymt stoppats i förslagslådan.

Förslagslådan har nog ofta setts som ett sätt att hålla kreativa medarbetare lugna. Om de bara får lite utlopp för sin kreativitet ibland så kan de rätta in sig i leden igen, utan att störa produktionen. Och genom att vara anonyma slipper medarbetarna risken att bestraffas för sin kreativitet.

INGEN PANIK - DET FINNS EN APP FÖR DET!

Som konsumenter förväntar vi oss att de tjänster vi behöver använda går att komma åt och beställa via en mobilapp. Eller åtminstone via en mobilanpassad webbsida.

När en organisation ska digitalisera sin verksamhet är det lätt hänt att mobilappar framstår som digitaliseringens heliga graal. Om någon undrar hur det går med digitaliseringen är det bara att visa upp någon av de egna apparna. I grunden har dock ingen större förändring av verksamheten skett. Apparna är bara "digitalt strössel".

Detta beteende är i sig ett symptom på teknikfokus. Alltså tron på att det är själva tekniken som kommer att lösa alla problem. Förståelsen saknas för att det även krävs förändrade beteenden - och ibland även ändrade attityder och synsätt - för att lösa problemen.

En annan fara med "appifieringen" är att för mycket fokus tenderar att hamna på att optimera enskilda uppgifter. Efter ett tag går det inte att se skogen för alla träd. Med en bredare syn och bättre förståelse för digitaliseringens möjligheter kan slutsatsen bli att uppgiften som appen finns till för inte ens behöver utföras. Behöver till exempel medarbetarna verkligen en app för att tidrapportera om arbetstiden redan registrerats automatiskt?

SÄTT FOKUS PÅ RÄTT SAKER

"Bra ledare organiserar och får människor att rikta in sig mot vad gruppen behöver göra. Stora ledare motiverar och inspirerar människor med varför de gör det. Det handlar om syftet. Och detta är nyckeln till att uppnå något verkligen omdanande."

MARILYN HEWSON, VD FÖR LOCKHEED MARTIN

RÖRA SIG
FRITT I
SAMHÄLLET

ERT SYFTE ÄR ATT LÖSA KUNDERNAS BEHOV

"Syftet med en verksamhet är att skapa och behålla kunder."

PETER F. DRUCKER

För vem finns organisationen? Vem behöver det som erbjuds? På vilket sätt gör den skillnad? När det inte längre är enkelt att svara på dessa frågor är det en tydlig signal om att organisationen kommer få problem om något förändras i omvärlden, till exempel kundernas attityder och beteenden.

Det finns många exempel som illustrerar hur snett det kan gå. Ett av de mer välkända är Kodak. När vi gick över till att fotografera med digitala kameror och titta på våra bilder på skärmar blev filmrullar och fotoframkallning överflödigt. Denna insikt klarade Kodak aldrig att agera på, trots att det var Kodak som tog fram den första digitalkameran. Våra beteenden förändrades snabbt, och därmed också den tidigare lösningens relevans.

Att lösa kundernas behov på bästa sätt är det egentliga syftet med alla organisationer. För att överleva måste de älska behovet, inte den nuvarande lösningen. En rullstolsburen person har till exempel inte behov av en rullstol, utan av att kunna röra sig fritt i samhället, som andra människor. Vad gör rullstolstillverkarna när det finns prisvärda och fungerande exoskeleton*? När en rörelsehindrad inte längre behöver vara bunden till en rullstol, utan kan röra sig fritt i samhället?

* En extern artificiellt skelettkonstruktion som stödjer och skyddar kroppen.

MARKNADS-
FÖRING

FÖRSÄLJNING

DISTRIBUTION

KUNDEN

LEVERANS

KUNDSERVICE

TILLVERKNING

INKÖP

DESIGN

KUNDCENTRERING BEHÖVS FÖR ATT NÅ SYFTET

Utan kunder, ingen verksamhet. Så enkelt är det. Ändå finns det åtskilliga exempel där denna koppling tappats. Vem har inte haft kontakt med en organisation och upplevt sig mest vara till besvär, trots att man är kund? Organisationen borde se varje kontakt som en möjlighet till relationsbyggande!

Att vara kundcentrerad handlar inte om att gå ut och fråga kunderna om vad de tycker om det som organisationen erbjuder idag. Det kallas att göra en marknadsundersökning. Att vara kundcentrerad står för något mycket mer fundamentalt. Att i alla lägen försöka förstå de tilltänkta kunderna, deras behov och beteenden. Att låta detta påverka allt organisationen gör. Överallt, och inom alla delar av verksamheten, inte bara där kundmötet sker.

Ikea har länge haft en policy att alla anställda, oavsett om de är ekonomiadministratörer eller höga chefer, ska arbeta några dagar på ett varuhus varje år. Syftet är att de ska få möta kunderna i deras verklighet. Då kan de få en förståelse för kundernas behov och hur de egna lösningarna tillgodoser dessa. De insikter som de får tar de sedan med sig till sina vanliga arbetsplatser och arbetsuppgifter. Det är en mycket god tanke. Men det räcker inte att göra det några dagar varje år. Nu gäller det att ha ständig kontakt med verkligheten. Och hela organisationen måste flyttas närmare den. Rent praktiskt kan detta bara göras genom att använda digital teknik.

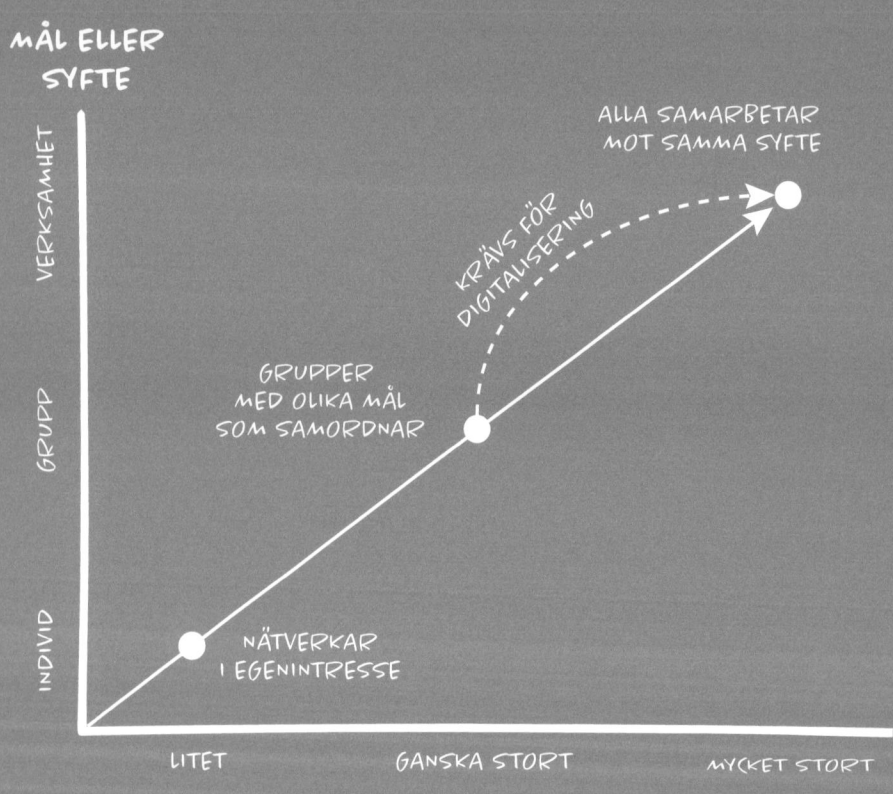

MÅL ELLER
SYFTE

VERKSAMHET

ALLA SAMARBETAR
MOT SAMMA SYFTE

KRÄVS FÖR
DIGITALISERING

GRUPP

GRUPPER
MED OLIKA MÅL
SOM SAMORDNAR

INDIVID

NÄTVERKAR
I EGENINTRESSE

LITET   GANSKA STORT   MYCKET STORT

ÖNSESIDIGT BEROENDE

SYFTET MÅSTE DELAS AV ALLA

Samarbete är per definition när två eller flera personer arbetar *tillsammans* mot ett *gemensamt* mål eller syfte. Ordet samarbete kan lätt föra tankarna till en mindre grupp av människor som arbetar nära tillsammans, men definitionen sätter faktiskt inga gränser för hur stor en grupp som samarbetar kan vara.

När några arbetar tillsammans men har olika mål eller syften är det inte samarbete, utan *samordning*. De har olika mål, men de ser ändå nyttor med att arbeta tillsammans. Ofta förväxlas dessa två begrepp. Och inte sällan är det i stora organisationer fråga om samordning istället för samarbete när olika organisatoriska enheter påstår att de samarbetar med varandra.

Inom en och samma organisation borde det dock aldrig vara tal om något annat än samarbete. Organisationen har ett syfte som bör delas av alla och som bör stå över alla mål. I praktiken borde de samarbeta med varandra i alla lägen. Om två grupper, till exempel två avdelningar, har mål som står i konflikt med varandra bör de alltid titta uppåt mot verksamhetens syfte och göra det som är bäst för organisationen som en helhet. *Tillsammans.*

I en snabbföränderlig värld är det nödvändigt att alla delar av en organisation samarbetar med varandra, som om de vore en enda organism. Alla beslut som fattas påverkar på något sätt andra delar och helheten. Organisationen måste därför styras av sitt gemensamma syfte. Detta är grunden i *syftesdrivna organisationer.*

KPI INVADERS

GEMENSAMMA SYFTET

TA BORT DE NYCKELTAL SOM SKYMMER SYFTET

Är det något som kan få det gemensamma syftet att hamna i skymundan så är det mål och nyckeltal som sätts på olika organisatoriska enheter eller individer. De tenderar bli viktigare än allt annat. Syftet uppfattas som något som används för varumärkesbyggande, som ska låta bra när det visas upp på hemsidan och i årsredovisningen. Det gemensamma syftet betyder i praktiken ingenting i vardagen och för det arbete som ska utföras.

Ibland är det enda rätta att ifrågasätta och bortse från de nuvarande målen och nyckeltalen. Att våga förändra styrsystemet som gör att organisationen håller fast vid en felaktig kurs.

Mål och nyckeltal ska förstås inte helt förkastas som verktyg för att motivera människor. De kan även användas för att ena istället för att söndra. De behöver dessutom inte vara inställda på optimering, utan kan även användas för att motivera till och skapa förändring. Förändring bör också brytas ned i mål som följs upp och utvärderas. Men, helheten och verksamhetens bästa får aldrig stå tillbaka för enskilda verksamhetsdelars eller individers mål.

En viktig del av digital transformation är att bryta silofieringen och få organisationen att fungera bättre, att kunna anpassa sig snabbare och bli mer nyskapande som en helhet. Då måste vi våga bryta ned de organisatoriska stuprören, även om de historiskt varit bra för organisationen.

SKAPA EN KONKRET OCH ENGAGERANDE VISION

Ledarskap är att staka ut en förändring och få andra människor att tro på den. En tydlig, konkret och engagerande målbild - en vision - är därför ett av de viktigaste verktygen som en ledare kan förfoga över. Den är ännu viktigare i tider av stor osäkerhet, komplexitet och snabb förändring. Visionen ger förändringen en riktning och genom att bygga på principer ger den oss stabilitet. När allting annat är i rörelse är det principerna som vi kan hålla fast i.

Exempel på principer är transparens och proaktivitet. Ökad transparens skapar mer tillit och därigenom bättre relationer med kunder, medarbetare och andra intressenter. Ökad proaktivitet minskar slöserier i form av dubbelarbete, panikartad brandsläckning och stressade medarbetare. Visionen behöver på ett konkret sätt visa hur det kan se ut när principerna som dessa tillämpas i praktiken och vilka vinster de kan ge.

Själva processen att ta fram en konkret och engagerande vision är ett annat viktigt verktyg för en ledare. Genom att inkludera medarbetarna och samskapa visionen med dem blir medarbetarna naturligt engagerade i den - den är inte någon eller några personers påhitt som sedan måste säljas in till övriga. Visionen är deras.

> *"Mark it down, asterisk it, circle it, underline it. No involvement, no commitment."*
>
> STEPHEN COVEY, AMERIKANSK FÖRFATTARE

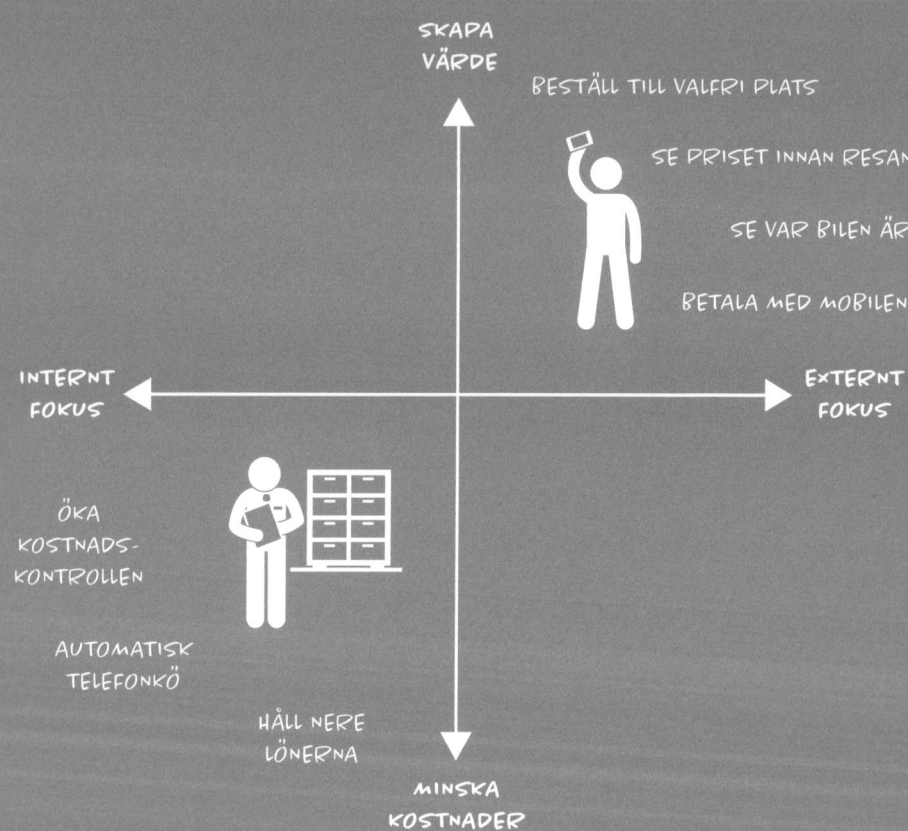

SKAPA
VÄRDE

BESTÄLL TILL VALFRI PLATS

SE PRISET INNAN RESAN

SE VAR BILEN ÄR

BETALA MED MOBILEN

INTERNT
FOKUS

EXTERNT
FOKUS

ÖKA
KOSTNADS-
KONTROLLEN

AUTOMATISK
TELEFONKÖ

HÅLL NERE
LÖNERNA

MINSKA
KOSTNADER

SE DIGITALA MÖJLIGHETER ATT SKAPA VÄRDE

Vem minns när det inte gick att bli upphämtad var som helst av en taxibil? När det inte gick att veta på förhand vad taxiresan skulle kosta? Hur lång den skulle bli? Eller när bilen förväntades komma?

Genom att tänka digitalt först och bortse från tidigare lösningar går det att se problem och utmaningar i ett nytt ljus. Det var just vad Uber gjorde. Därför kunde de starta en taxiverksamhet utan att äga några egna bilar och utan att bygga upp en administration för att ta emot beställningar. Allt som behövdes fanns redan i våra fickor - smarta mobiler med gps, betalning och identifiering. Även bilarna och förarna fanns redan, så därmed slapp Uber de stora kostnader och risker som är förknippade med att äga en egen fordonsflotta.

Framför allt lyckades Uber lösa problem för kunderna som hittills ingen brytt sig om eller lyckats lösa. Plötsligt fanns en transporttjänst som kan hämta upp oss var som helst, berätta vem som ska köra oss, vad resan kommer att kosta, när bilen kommer och var den är just nu.

Åsikterna om Uber som företag är många, men det viktiga är att förstå hur Uber förändrade en hel bransch genom att tänka digitalt först. De insåg hur digital teknik kunde användas för att lösa våra behov på nya och bättre sätt. Detta medan taxibolagen var upptagna med att minska kostnader och höja priserna för att öka sin lönsamhet.

FRAMVÄXANDE
TEKNOLOGIER

DESIGN =
LÖS PROBLEM
PÅ NYA SÄTT

NYA BETEENDEN
OCH
FÖRVÄNTNINGAR

NYA VÄRDE-
MODELLER

SE DESIGN SOM EN AFFÄRSSTRATEGI

Apple, ett av världens högst värderade företag, bygger på design. Ingen startup med självinsikt startar utan designkompetens i sitt kärnteam. Och de stora it-och managementkonsulterna köper designbyråer som om det var det enda de sysslade med. Så varför denna hysteri kring design? Svaret går att finna i innebörden av ordet "design".

Design handlar, enkelt uttryckt, om att skapa något som tillgodoser brukarnas *behov*. Alltså behovet hos de människor som är tänkta att använda en produkt eller tjänst. Om deras behov tillgodoses bra nog betalar de för produkten eller tjänsten. De blir kunder. Just så skapas kunder och marknader.

Design är inte något ytligt som kan läggas till efteråt, som en eftertanke. Det är inte heller något som helt kan delegeras till enskilda specialister. Design är grunden för all innovation. Design är det kraftfullaste verktyg en organisation kan förfoga över för att möta och nå framgång i en snabbföränderlig omvärld.

Att lyckas tillgodose människors behov, gärna bättre än vad andra klarar av, är varje organisations främsta uppgift. Den som inbillar sig något annat, såsom att det viktigaste är att maximera utdelningen till ägarna, har fel. I tider när det krävs konstant innovation, att lösa problem på nya sätt, måste design ses som en affärsstrategi. Designkompetens måste finnas högst upp i organisationens ledning.

SE LÄRANDET SOM ORGANISATIONENS KÄRNA

Begreppet "lärande organisationer" har funnits länge i teorin, men varit förvånansvärt frånvarande i praktiken. 1988 skrev Arie de Gues följande i Harvard Business Review:

> *"Förmågan att lära dig snabbare än dina konkurrenter kan vara den enda hållbara konkurrensfördelen."*

Vid tiden detta skrevs tog det ofta ett år eller längre från det att en organisation fick signaler om förändring innan den faktiskt agerade. Betänk att detta var innan Internet och till och med innan mejlen hade slagit igenom. Saker tog sin tid, åtminstone med dagens mått mätt.

Idag finns inte den tiden. Nu, och ännu mer framöver, är förmågan att korta tiden mellan signal och handling totalt avgörande för en organisations överlevnad. Den enda strategin är därför att lära sig snabbare. Detta är vad datadrivna företag egentligen handlar om. Inte att samla på sig så mycket data som möjligt, utan att snabbt kunna utvinna rätt insikter och lärdomar ur data och agera på dessa. Kan man det, ja då är det bra med mycket data.

Att lära snabbare innefattar inte enbart att ta till sig ny kunskap snabbare, utan också att förändra arbetssätt, beteenden och till och med tankesätt. Det ingår också att kunna "lära av", det vill säga nollställa sådant man tidigare lärt sig och som inte längre gäller i den värld vi lever i. Däri ligger den riktigt svåra utmaningen.

SE MISSLYCKANDEN SOM FÖRSÖK ATT LYCKAS

"Jag misslyckades inte 1000 gånger, utan glödlampan uppfanns i 1001 steg."

THOMAS EDISON

Det sägs att Thomas Edison försökte runt 2000 gånger innan han hittade rätt med glödlampan. Stora entreprenörer som Henry Ford och Walt Disney startade flera företag som misslyckades och försattes i konkurs innan de slutligen hittade sina framgångsrecept. Det tog Marie Curie åtskilliga misslyckade försök innan hon upptäckte radium. Att misslyckas är med andra ord en naturlig och nödvändig del i all utveckling och i alla lärandeprocesser.

Under århundraden har vi betraktat arbete som en repetitiv uppgift. Genom att utföra det på samma sätt varje gång kan vi producera mer på kortare tid. Om vi gör det belönas vi. Om inte så misslyckas vi. Och bestraffas för det. Att misslyckas är dåligt, och farligt. Det är vad de flesta fått lära sig.

Misslyckanden är dock, som Edison skrev, nödvändiga steg i processen fram till en framgångsrik lösning. För att lösa ett problem krävs misslyckanden. Utan misslyckanden inga innovationer. Vi måste därför se varje misslyckande som ett *försök* att lyckas istället. Vi måste sluta bestraffa misslyckanden och istället uppmuntra till och belöna försök.

TJÄNSTETÄNKANDE

PRODUKTTÄNKANDE

SE ALLT SOM GÖRS SOM TJÄNSTER

Det så kallade *produkttänkandet* har länge dominerat helt, inte bara i näringslivet utan i samhället i stort. Enligt detta sätt att tänka skapas värde när en produkt - eller tjänst för den delen - överförs från säljare till köpare. Till exempel en tv.

Detta ska kontrasteras mot det som kallas *tjänstetänkande*. Enligt detta sätt att tänka uppstår värdet istället först när en produkt eller tjänst används. Alltså när vi använder tv:n vi köpt för att se på film, spela tv-spel eller något annat. Annars är den ju en dumburk på riktigt.

Tjänstetänkandet sätter ett naturligt fokus på värdeskapande och på användaren, vilken ibland är densamma som kunden och ibland inte. Vikten av att verkligen förstå vad kunder och användare behöver och önskar sig blir tydlig. Utan denna förståelse är risken stor att den önskade effekten uteblir och att tjänsten som tillhandahålls inte blir framgångsrik. Det handlar helt enkelt om förstå användarnas verklighet och upplevelse.

I dessa tider, när det är avgörande att organisationer skapar mer värde för sina kunder, är det viktigt för en organisation att förstå och anamma tjänstetänkandet. Den som tror att allt är klart och kunden är nöjd när denne lämnar affären (eller webbutiken) efter att ha köpt och fått med sig sin tv är snett ute. Det är då tv:n ska börja användas för att skapa värde. Vad kan göras för att maximera detta för användaren och kunden?

NYFIKENHET

MOD

UTHÅLLIGHET

EMPATI

KOMMUNIKATION

SAMARBETE

PERSPEKTIVBYTE

OMDÖME

REFLEKTION

STRATEGISKT
TÄNKANDE

SYSTEMTÄNKANDE

KRITISKT
TÄNKANDE

TRÄNA UPP DE MÄNSKLIGA FÖRMÅGORNA

Idag är det i princip omöjligt för en organisation att långsiktigt detaljplanera sin verksamhet. Istället måste den vara förberedd på förändring och ha förmågan att snabbt kunna förändra såväl erbjudanden som hur den når och interagerar med sina kunder. Den måste känna av åt vilket håll marknaden, kundernas beteenden och tekniken är på väg och snabbt anpassa sig. Eller ännu hellre - vara den som skapar de nya beteendena med nya och innovativa erbjudanden och kundupplevelser.

För att kunna göra detta krävs mänskliga förmågor såsom empati, nyfikenhet, kreativitet och samarbetsförmåga. Det är dessa som kommer särskilja organisationen från andra när rutinbaserat fysiskt arbete och rutinbaserat kunskapsarbete automatiseras. Som gör den unik. Här bredvid illustreras exempel på mänskliga förmågor som organisationer behöver utveckla för att vara framgångsrika framöver.

Det är när många människors individuella förmågor förenas som magi uppstår. Det är förstås orimligt att varje enskild individ ligger på samma nivå inom alla förmågor. Vi behöver istället dra nytta av våra respektive styrkor och kompensera varandras svagheter. Kommunikation och samarbete blir därför nyckelförmågor.

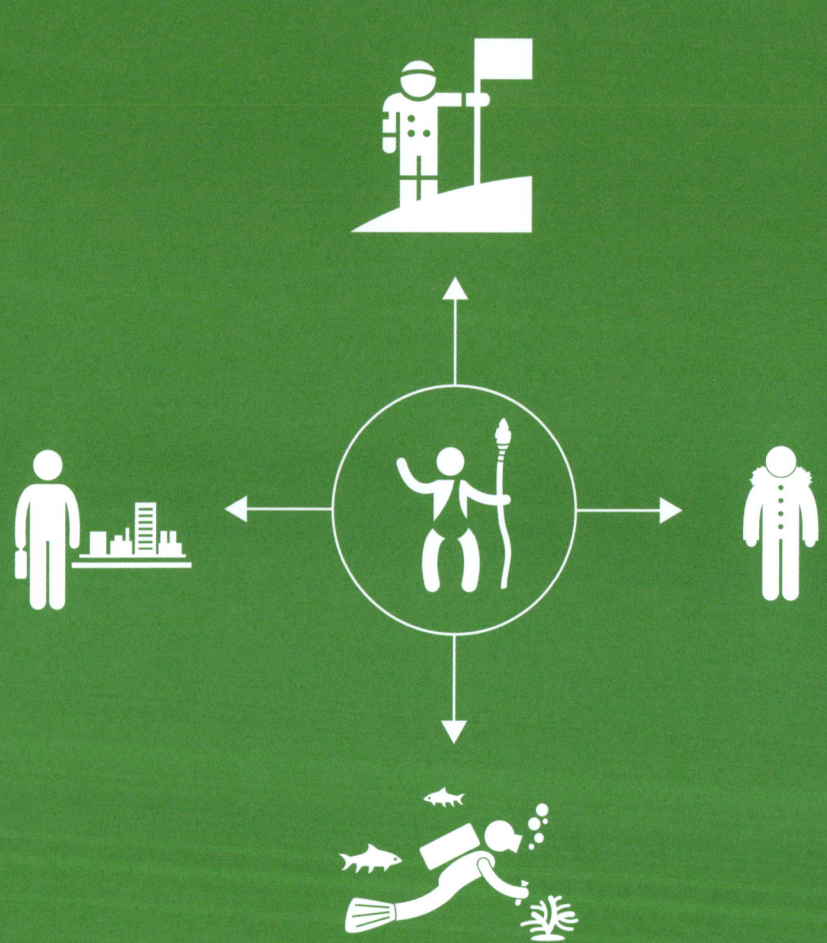

VÅR ANPASSNINGSFÖRMÅGA ÄR CENTRAL

"Det är inte de starkaste arterna som överlever, inte heller de mest intelligenta. Det är de som är bäst på att anpassa sig till den föränderliga omgivning de befinner sig i."

GEORGE DARWIN

Hur förbereder sig en organisation för plötslig, snabb, radikal och exponentiell förändring? Det finns säkert de som menar att det inte går. Men det gör det visst!

Svaret går att finna i vår största, och kanske enda, konkurrensfördel vi har som människor jämfört med andra arter på jorden: vår förmåga att ständigt anpassa oss till nya omgivningar och förhållanden. Fysiskt, mentalt, känslomässigt och socialt. Vi använder våra kunskaper, kognitiva förmågor, sociala nätverk och nya teknologier till att anpassa oss till nya miljöer. Detta har tagit oss ut i rymden, ner i världshavens djup, till Nordpolen och Sydpolen och till trista arbetsplatser på kontor i stora städer - alla exempel på miljöer som är allt annat än naturliga för oss.

Vi behöver vara förberedda på att förändring kommer och snabbt kunna anpassa oss. Denna förmåga är viktigare än alla andra, men den bygger i sin tur på en massa andra av våra förmågor. Som till exempel nyfikenhet. Empati. Kommunikation. Samarbete. Uthållighet.

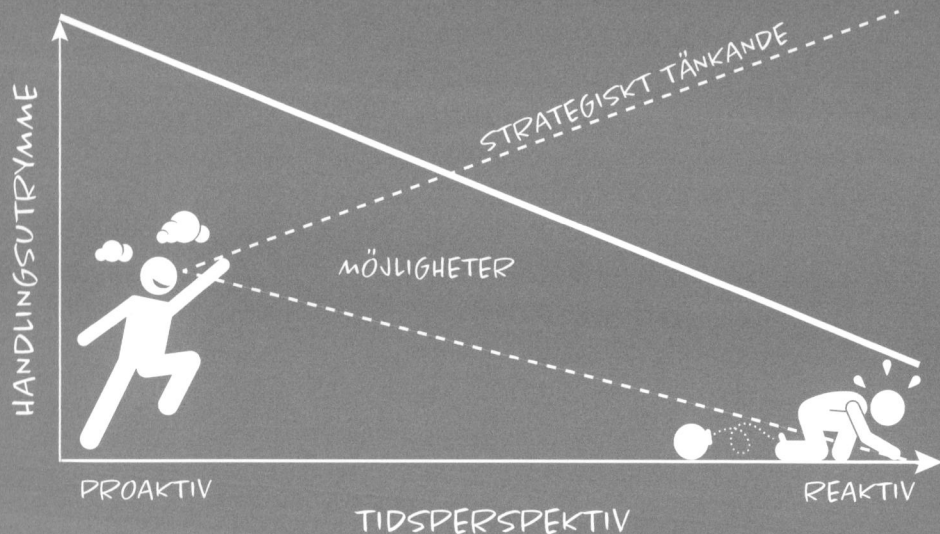

STRATEGISKT TÄNKANDE

MÖJLIGHETER

HANDLINGSUTRYMME

PROAKTIV

TIDSPERSPEKTIV

REAKTIV

FÖRMÅGA: STRATEGISKT TÄNKANDE

> *"Våra sinnen är utformade för strategiskt tänkande, att beräkna flera steg i förväg på väg mot våra mål. I det taktiskt helvetet kan du aldrig höja blicken tillräckligt för att tänka på det sättet...I livet som i krigföring kommer strategerna alltid vinna över taktikerna."*
>
> ROBERT GREEN, THE LAWS OF HUMAN NATURE

Idag är det alltså långt viktigare att snabbt kunna anpassa sig till nya förutsättningar än att slaviskt följa en uppgjord plan. Samtidigt - utan en strategi som säger vart organisationen är på väg är den lämnad vind för våg, aningslös om vilken väg den ska ta när den kommer till ett vägskäl. Alla beslut blir reaktiva och leder organisationen runt i en cirkel - eller till och med bakåt.

Därför är det viktigt att organisationen via dess medarbetare utvecklar sin förmåga till *strategiskt tänkande*. Alltså förmågan att göra intelligenta och väl underbyggda antaganden om hur den ska navigera i framtiden. Utan strategiskt tänkande minskar organisationens handlingsutrymme drastiskt. Den tvingas reaktivt hantera hot istället för att proaktivt utforska möjligheter. För att undvika hamna där gäller det att utforska möjliga framtidsscenarios i en kontinuerlig process där så många perspektiv, kompetenser och kunskap som möjligt tillvaratas. Och att ständigt ifrågasätta tidigare antaganden och val i takt med att omvärlden förändras.

FÖRMÅGA: NYFIKENHET

"De bästa forskarna och utforskarna har barns egenskaper! De ställer frågor och känner förundran. De har nyfikenhet. 'Vem, vad, var, varför, när och hur!' De slutar aldrig ställa frågor, precis som en femåring."

SYLVIA EARLE, AMERIKANSK MARINBIOLOG OCH UTFORSKARE

Tala är silver, tiga är guld. Den som gapar efter mycket mister ofta hela stycket. En fågel i handen är bättre än tio i skogen. Ordning och reda, pengar på fredag. Nyfiken i en strut. Lägg inte näsan i blöt.

Sedan barnsben har vi blivit indoktrinerade med diverse myter och ordspråk för att vi ska hålla oss i skinnet och rätta in oss i leden. Vi förväntas följa regler och bli skötsamma, lojala och arbetsvilliga arbetare och tjänstemän som gör det vi ombeds eller beordras att göra. I detta finns inte mycket utrymme för nyfikenhet.

Samtidigt är nyfikenhet nyckeln till vårt lärande och utveckling. Hur många uppfinningar eller innovationer hade kommit till utan nyfikenhet? Vår nyfikenhet måste uppmuntras, stimuleras och ges utrymme, inte motarbetas.

Fotnot. Det finns inte någon riktig innebörd av talesättet "nyfikenhet dödade katten". Det ursprungliga talesättet lär ha varit "omsorg dödade katten". Det låter betydligt mer rimligt. Katter som får maten serverad och blir feta och lata. Om de släpps ut i den hårda verkligheten klarar de sig inte länge.

FÖRMÅGA: EMPATI

Innovation handlar inte om ny teknik, utan om problemlösning. Ibland sker innovation med ny teknik. Ibland inte. De flesta innovationer kommer från att befintlig teknik, kanske från ett annat område, använts på ett nytt sätt för att lösa ett problem eller behov.

Det är problemet som kan lösas, eller behovet som behöver tillgodoses, som är utgångspunkten för alla lyckade innovationer. För att kunna lösa ett problem krävs djup förståelse för problemet. Då krävs *empati*, förmågan att lyssna in och förstå de människor som drabbas av eller är i behov av något. Vad känner de? Vad är viktigt för dem? Hur tänker de? Hur beter de sig? Vad har de för förutsättningar?

För att ta fram nya innovationer måste en organisation utveckla sin empatiska förmåga. Lyssna in sina kunder och användare. Men även lyssna in medarbetare och andra intressenter. Med hjälp av digital teknik kan den öka räckvidden, snabbheten och kapaciteten att göra detta. Liksom förmågan att lagra, organisera och analysera de data som hämtas in för att skapa nya och meningsfulla insikter.

De som minns barnprogrammet Professor Balthazar kanske även minns att han alltid gick ut i verkligheten för att förstå problemet innan han drog i spaken till sin uppfinnarmaskin. Insikten om vad som var orsaken till problemet kom alltid före lösningen.

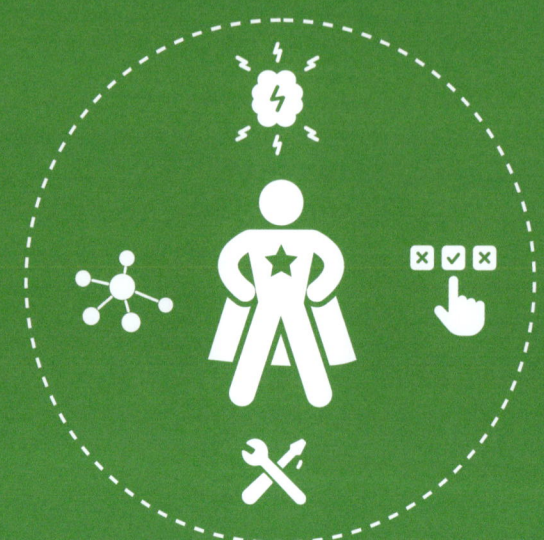

FÅ RÄTT STÖD I VARJE SITUATION
ATT SJÄLV FATTA RÄTT BESLUT

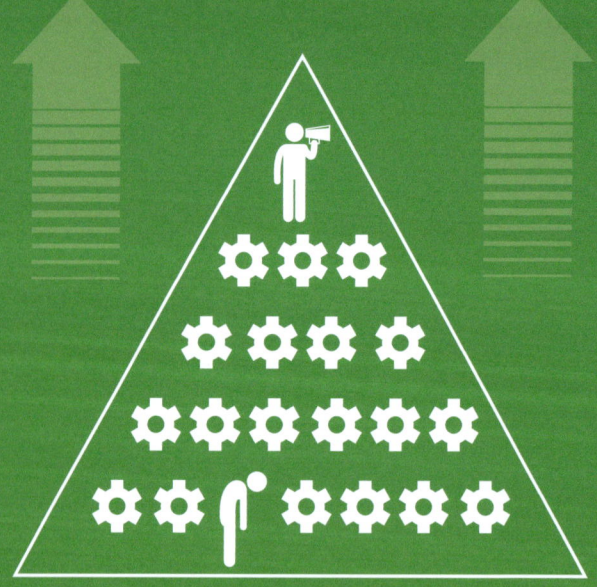

TA EMOT ORDER OCH BLI KONTROLLERAD

FÖRMÅGA: OMDÖME

Med *omdöme* menas vår mentala förmåga att fatta rationella beslut. Ett rationellt beslut är i sin tur - om vi pratar om beslut på arbetet - det beslut som bäst tar hänsyn till organisationens bästa.

Beslut måste idag fattas allt snabbare, ofta "i stundens hetta". Samtidigt fattas besluten i en alltmer komplex värld där konsekvenserna är svåra att förutse och överblicka och förutsättningarna i ständig förändring. Stödet för medarbetarna att snabbt fatta rationella beslut är därför ofta otillräckligt.

Den gamla modellen med en hierarkisk ordergivning från ledningen ned till de anställda "på golvet" fungerar inte lägre. Den fungerade i en värld som var relativt förutsägbar och förändrades långsamt och därmed kunde detaljstyras av en byråkrati. Idag krävs att beslutsfattandet decentraliseras för att besluten ska kunna fattas så snabbt som möjligt - samtidigt som besluten tar hänsyn till helheten.

Varje medarbetare måste därför få digitalt stöd som förbättrar dennes omdömesförmåga. Stöd som ger denne insikter att agera på. Stöd som visar vilka val som finns att göra och möjliga konsekvenser av dessa. Detta stöd måste ges exakt i de situationer som medarbetaren behöver det. Annars är det till ingen nytta.

ÅRHUNDRADETS MATCH

RAPPORT-SKRIVAREN

YOUTUBERN

VISAD:	8		VISAD:	2 301
GILLAD:	0		GILLAD:	417
DELAD:	3		DELAD:	322
KOPIERAD:	11		KOPIERAD:	0

#MEJLA #TEXT #RAPPORT

#VIDEO #CHATT #

FÖRMÅGA: KOMMUNIKATION

Skriftspråket är inte bara mänsklighetens första informationsteknologi - det är också den mest betydelsefulla. Det har hjälpt oss att göra fantastiska framsteg. Det skapades i en tid när vi hade ont om bandbredd när det gällde att kommunicera med varandra över tid och rum. Genom att komprimera det vi ville säga till abstrakta symboler kunde vi förmedla mycket information på ett väldigt begränsat utrymme, på alltifrån stentavlor till papper och senare i digitala dokument.

Men, det skrivna språkets höga komprimeringsgrad ökar samtidigt utrymmet för missförstånd. Det kräver dessutom aktiv tolkning av mottagaren, vilket skapar en kognitiv belastning. Eftersom vårt medvetna sinne enbart kan hantera 40 bitar information i sekunden det blir snabbt överbelastat när vi ska ta del av textbaserad information. Vi drabbas av "information overload", som det heter på engelska.

Vårt undermedvetna kan däremot hantera miljoner bitar information i sekunden. Vi behöver därför bli bättre på att utnyttja vårt undermedvetnas kapacitet, vilket kräver en tillbakagång till kommunikationssätt som är mer naturliga för oss: röst, gester, kroppsspråk, bilder. Till exempel kommunicera med video istället för text. De som skakar på huvudet åt framgångsrika youtubers följare bör med andra ord ta sig en funderare eller två - och fråga sig själva hur de kan lära sig kommunicera effektivare av dem.

FÖRMÅGA: SAMARBETE

Vad är samarbete nu igen? Jo, när flera personer arbetar *tillsammans* för att uppnå *gemensamma* mål. Mål som inte går eller är svåra att uppnå på egen hand.

För att samarbeta framgångsrikt krävs det inte bara att målbilden är densamma. De som samarbetar behöver vara engagerade, respektera och lita på varandra, ha en öppen kommunikation och ta tillvara på varandras kompetenser och kunskaper.

Det är återigen viktigt att inte begränsa sin syn på samarbete till det som sker inom organisatoriska grupper och projekt. För att en organisation ska hinna med att anpassa sig efter kundernas förändrade beteenden och förväntningar krävs effektivt och ändamålsenligt samarbete tvärs över hela organisationen. Alla som kan bidra måste komma närmare varandra genom att förenkla kommunikation och samarbete över barriärer som geografiska avstånd, organisatoriska gränser och yrkesmässiga domäner.

Digitalt samarbete är det enda sättet att nå den snabbhet, räckvidd, flexibilitet och kollektiva förmåga som krävs. Organisationer måste löpande anamma och använda de arbetssätt och verktyg som bäst möjliggör samarbete. De som håller fast vid gamla vanor och verktyg som mejl, fysiska möten och telefonsamtal kommer inte ha en chans att hänga med.

FÖRMÅGA: KREATIVITET

>*"Färsk forskning pekar på att kreativitet handlar mindre om en egenskap hos individer än om en framväxande egenskap som bubblar upp inom grupper av människor som löser problem tillsammans."*

JIM KIM, F.D. CHEF FÖR THE WORLD BANK

Vår kreativitet, vår förmåga att skapa något nytt, är det som skiljer oss människor från övriga djur. Vi har det naturligt i oss, även om mycket av vår kreativitet har skavts av när vi tagit oss igenom utbildningssystemet. Den folkskola som har sina rötter i 1800-talets begynnande industrialism skulle leverera flitiga och lydiga arbetare och tjänstemän. Den som ville odla sin kreativitet fick se till att göra detta på fritiden. Teckna, komponera musik, bygga modeller, programmera datorer. I mångt och mycket är det så än idag, även om vikten av att utveckla elevernas kreativitet börjat få genomslag i skolan.

Samtidigt har ingen organisation råd att vänta tills utbildningssystemet anpassats efter morgondagens krav och att nya generationer har tagit sig igenom det. Medarbetarna behöver redan idag bli bättre på att snabbt lösa rätt problem på rätt sätt. Organisationen måste skapa rätt förutsättningar och stöd för alla medarbetare att träna upp sina kreativa förmågor, inte minst den kreativitet som uppstår i samarbete med andra.

FÖRMÅGA: MOD

För att vara tydlig handlar framgångsrik digitalisering och digital transformation i grunden om en sak över allt annat: mod!

Mod att sätta människan i främsta rummet och att i ord och handling visa empati för både kunder och medarbetare.

Mod att formulera en vision som är precis så galen att den skulle kunna lyckas. Även om folk skrattar åt den.

Mod att ifrågasätta långlivade och hittills framgångsrika antaganden och affärsmodeller för att med öppet sinne utforska nya, trots att den gamla fortfarande går ganska bra.

Mod att ifrågasätta och omkullkasta nuvarande strukturer och lösningar.

Mod att slåss för en öppen, transparent och inkluderande kultur som präglas av dialog, ömsesidig respekt och erkännande.

Mod att samarbeta över alla gränser, internt som externt, för att skapa nya värden.

Mod att experimentera och misslyckas (försöka!) om och om igen tills man lyckas - eller söker nya vägar.

Mod att bara börja göra!

PÅBÖRJA FÖRFLYTTNINGEN

"Ingen av oss, inklusive mig, uträttar någonsin stora saker. Men vi kan alla uträtta små saker, med stor kärlek, och tillsammans uppnå något fantastiskt."

MODER THERESA

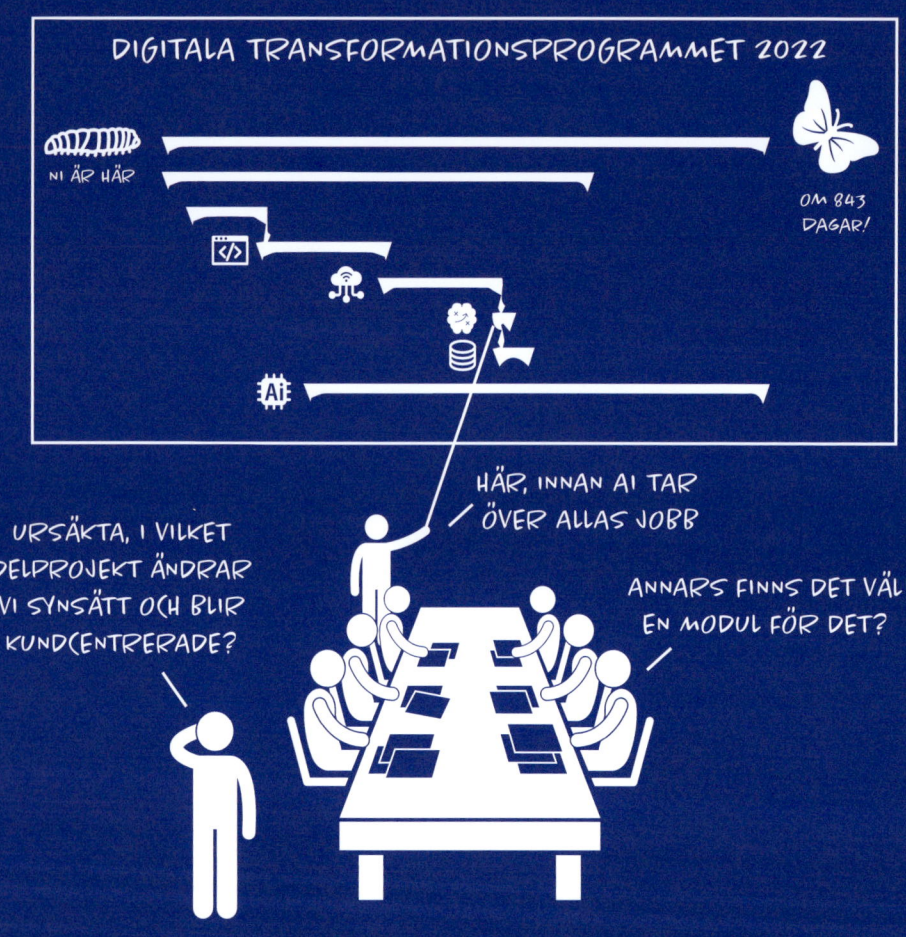

EN FÖRFLYTTNING OLIK ALLA ANDRA

Många ser nog ett stort, komplext och toppdrivet förändringsprogram framför sig när de hör talas om digital transformation. Det är ju så organisationer normalt tar sig an stora förändringar. Därför är det inte konstigt att det är just så många tar sig an digital transformation.

Det finns dock två stora problem med detta angreppssätt. För det första bygger det på antagandet att det finns en tydlig lösning på andra sidan, som exempelvis en teknisk lösning eller en ny organisationsstruktur. Likt en larv som ska förvandlas till en fjäril. För det andra bygger det på antagandet att det finns en definitiv punkt där transformationen är klar. Att det bara är att flyga iväg när larven väl blivit en fjäril.

Båda dessa antaganden är missledande. Syftet med digital transformation är att organisationen ska bli mer innovativ och snabbrörlig. Att den ska kunna anpassa sig till och navigera i en föränderlig värld. Istället för att gå från en lösning till en annan krävs att organisationen förändrar och utvecklar grundläggande synsätt, förmågor och arbetssätt. Med digital teknik som möjliggörare. Det finns inte heller något definitivt slut, utan organisationen måste transformeras kontinuerligt i takt med att omvärlden förändras. Den digitala utvecklingen lär inte avstanna.

Istället för att beskriva hur ett förändringsprogram kan se ut, låt oss titta på några viktiga områden där organisationen måste förändras och utvecklas.

BÖRJA BYGG EN INNOVATIONSKULTUR

Mogna organisationer är utformade för att förvalta och optimera en befintlig affärsmodell. Den typiska kulturen präglas av attityder och beteenden som bestraffar snarare än premierar nytänkande, kreativitet och risktagande. Om det kommer fram innovationer i en sådan kultur är de oftast enstaka företeelser. Undantag snarare än regel. För att ändra på detta krävs alltså en kulturförändring. Här är fyra nödvändiga steg för att sätta igång förändringen:

1. Se kundens behov. Deklarera tydligt att organisationens ambition är att bli mer innovativ. Berätta hur kunden sätts i främsta rummet och att det yttersta målet är att förbättra och förändra dennes verklighet.

2. Dela idéer. Skapa en miljö som stimulerar och ger utrymme för medarbetarna att dela sina idéer med varandra och samarbeta för att få de bra idéerna att hända. Bygg denna miljö på principerna som beskrivs på nästa uppslag.

3. Avsätt tid. Om ingen någonsin känner att de har tid över så kommer inga innovationer bli verklighet. Skapa därför tidsmässigt utrymme för medarbetarna att reflektera, vara kreativa och utforska idéer tillsammans.

4. Kompetensutveckla. Ge medarbetarna möjlighet att kompetensutveckla sig inom främst design och digital teknik. De behöver lära sig förstå och använda designerns principer och verktyg, men också utforska teknikens möjligheter och begränsningar.

ÖPPENHET

UPPSKATTNING

TRANSPARENS

SAMARBETS-
KULTUR

DIALOG

INKLUDERING

OMFAMNA SAMARBETSPRINCIPERNA FULLT UT

Samarbete är nyckeln till att övervinna många av de hot och hinder som står i vägen för digitaliseringen. Organisationen behöver utveckla en samarbetsorienterad kultur där så många medarbetare som möjligt bidrar. Det uppnår den genom att omfamna följande fem principer:

Öppenhet. Värdet av information ökar ju fler som använder den till något nyttigt för organisationen. All information som kan vara användbar för andra bör därför göras tillgänglig.

Transparens. Att se vem som skapat en viss information, var och när ökar vår tillit till informationen så att vi kan agera utifrån den.

Inkludering. Se till att alla inkluderas så att vem som helst som har något att bidra med kan göra det. Det är svårt, ibland omöjligt, att veta på förhand vem som har något värdefullt att bidra med.

Dialog. Ju större möjligheter till dialog vi har, desto snabbare kan vi förstå varandra och omsätta denna förståelse till handling.

Uppskattning. Många av oss motiveras av att få andras uppskattning för det vi gör. Om vi kan få det för att vi delar med oss av information, idéer och kunskap på ett öppet och positivt sätt kommer vi att motiveras att fortsätta göra det. Engagemanget ökar, hjulet fortsätter snurra.

SKAPA UTRYMME FÖR KREATIVITET

Finns det inte utrymme för kreativitet finns det inte heller något utrymme för innovation. Och därmed finns det inte heller något utrymme för att skapa framtiden. I de flesta mogna organisationer har dessvärre detta utrymme optimerats bort. Talesättet att såga av grenen man sitter på passar därför bra för att beskriva hur många mogna organisationer agerar.

Ta till exempel bygg- och fastighetsbranschen. Det uppskattas att endast en procent av omsättningen inom branschen går till forskning och utveckling. Så kanske ska vi sluta fråga oss varför bostäder inte blir avsevärt billigare, bättre eller mera hållbara. Vi bör inte heller bli förvånade att nya aktörer ger sig in i branschen. Amazon har till exempel börjat erbjuda modulbostäder i vissa länder. Det är en bransch redo för disruption.

Att snabbt återskapa utrymmet för kreativitet är en konkret åtgärd för att börja möta konkurrensen. Det behöver avsättas tid, resurser och verktyg. Det behövs fysiska såväl som digitala platser där kreativiteten kan frodas.

Samtidigt är det viktigt att inte se kreativitet som enbart en individuell egenskap. Den riktigt stora kreativa kraften uppstår i *samspelet* mellan människor med *olika* kompetenser, erfarenheter och perspektiv. Organisationen behöver koppla samman människor och göra det möjligt för dem att samskapa på digitala plattformar.

GEMENSAMT
SYFTE

AGERA

SYNLIGT

SAMORDNA

FORMERA GRUPP

BIDRA

OSYNLIGT

KNYT KONTAKT OCH KOMMUNICERA

HITTA OCH UPPTÄCK ANDRA MÄNNISKOR

BYGG TILLIT

DELA VAD DU VET, HAR, TÄNKER OCH GÖR

GÖR DIG SJÄLV SYNLIG OCH TILLGÄNGLIG

150

ETABLERA EN DIGITAL SAMARBETSPLATTFORM

En organisations förmåga att samarbeta internt och med andra aktörer blir alltmer avgörande för dess överlevnad. Behovet att snabbt kunna lösa komplexa problem och utveckla nya idéer kräver allt oftare samarbete såväl tvärs över den egna organisationen som med externa parter.

Samarbete är samtidigt en utmaning när människor är geografiskt utspridda och tillhör olika organisatoriska enheter eller organisationer. De som behöver samarbeta kanske inte känner varandra, eller ens känner till varandras existens. Därmed blir det svårt att veta vilka som bör samarbeta kring ett visst problem, men även att bygga den tillit som krävs för att ett samarbete ska kunna fungera. Ofta blir det chefer som då ska utse vem som ska arbeta med vem. Men att de ska kunna veta vad alla kan är orimligt. Det tar också mycket tid att formera grupperna och att bygga den tillit som behöver finnas innan samarbetet fungerar.

I förlängningen behöver medarbetarna kunna självorganisera sig så att rätt individer snabbt kan börja arbeta tillsammans mcd ctt problem eller idé. För att detta ska ske spontant behöver de kunna göra sig synliga, dela information med varandra, hitta och upptäcka andra människor, knyta kontakt och kommunicera, och bidra där det behövs. Och för att kunna göra detta behöver de en digital samarbetsplattform. En plattform där de kan bygga och utveckla sina personliga nätverk och vid behov självorganisera sig för att lösa problem och utveckla idéer.

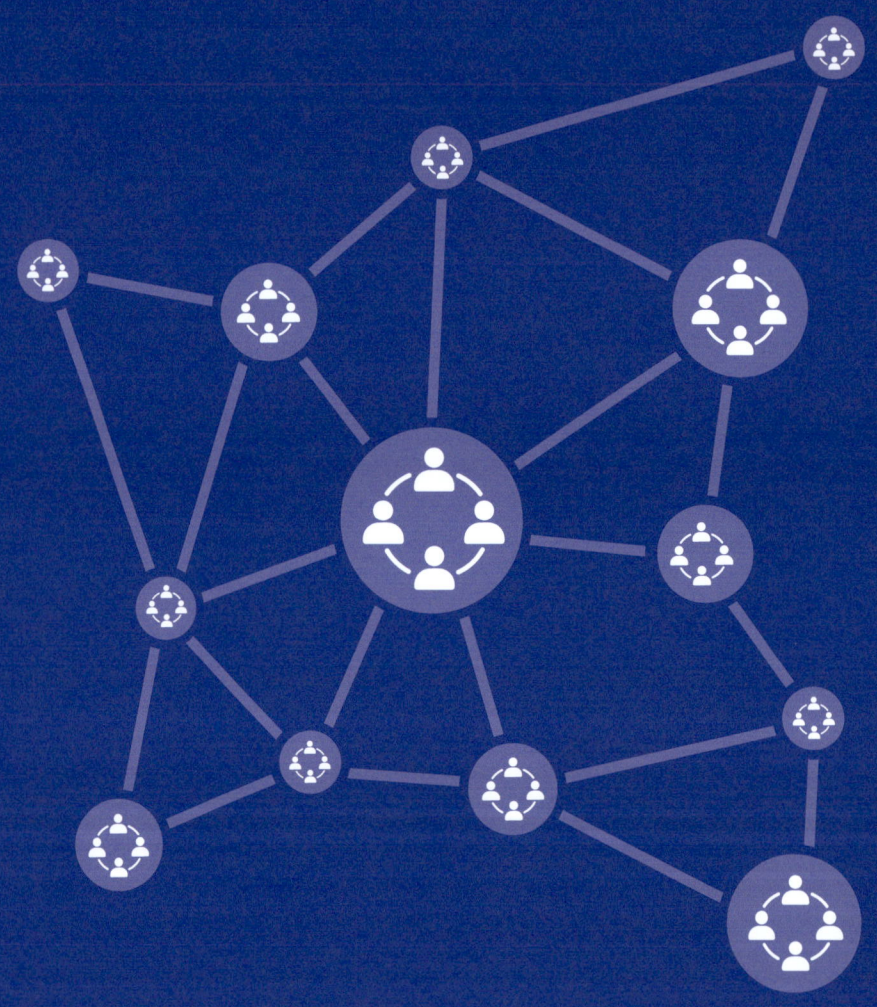

TA FÖRSTA STEGEN MOT EN NY ORGANISATION

Dagens organisationer verkar i en komplex miljö som är oförutsägbar och förändras snabbt, ibland på bara några dagar. Det kommer inte gå långsammare framöver. Den enda hållbara strategin är därför, som nämnts tidigare, att bli bättre och snabbare på att anpassa sig och att hantera plötsliga förändringar. Detta är något dagens traditionella hierarkiska organisationer inte klarar av.

Den före detta amerikanska generalen Stanley McChrystal beskriver i sin bok "Team of Teams" en alternativ organisationsmodell som på svenska kan översättas till "grupp av grupper". De förmågor som finns hos mindre grupper ska kunna "skalas upp" till organisationer som består av tusentals människor. Grundtanken är att organisera sig i grupper som lär sig att hantera oväntade händelser. Grupperna kopplas sedan samman på ett sådant sätt att de snabbt kan omformera sig för att hantera de hot eller möjligheter som dyker upp.

Det är självklart att dessa grupper behöver samarbeta digitalt. De kommunikationssätt som än idag dominerar - möten, telefonsamtal och mejl - lämpar sig illa för den typ av snabbrörligt och nära samarbete som krävs idag och än mer framöver. Ett nödvändigt första steg mot en mer snabbrörlig organisationsmodell är därför att alla typer av grupper går över till interaktivt digitalt samarbete på en öppen och gemensam digital samarbetsplattform. Då finns också möjligheten att koppla samman och samordna grupperna via medlemmarnas personliga nätverk - som överbryggar organisatoriska och geografiska barriärer.

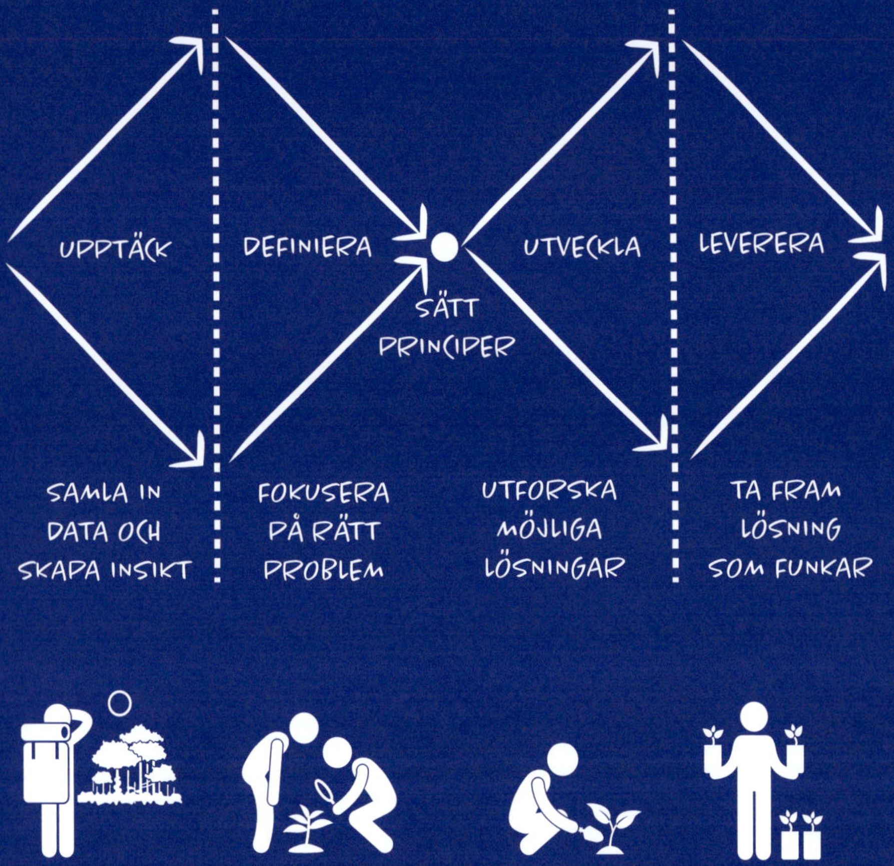

UPPTÄCK DEFINIERA SÄTT PRINCIPER UTVECKLA LEVERERA

SAMLA IN
DATA OCH
SKAPA INSIKT

FOKUSERA
PÅ RÄTT
PROBLEM

UTFORSKA
MÖJLIGA
LÖSNINGAR

TA FRAM
LÖSNING
SOM FUNKAR

MED RÄTT PROCESS KOMMER RESULTATEN

Hur många bästsäljande böcker om nya innovationer går ut på att själva innovationen beskrivs i detalj? Ingen. Åtminstone ingen som blivit en bästsäljare. För det vore ungefär lika intressant att läsa som en instruktionsbok. Det intressanta är förstås hur den kom till. Hur gjorde man? Går det att upprepa processen?

I boken *The Inevitable* skriver Kevin Kelly, författare och grundare av magasinet Wired:

> *"Processer är nu viktigare än produkter. Vår största uppfinning under de senaste 200 åren är den vetenskapliga processen. Få till den löpande processen och den kommer fortsätta skapa fördelar löpande. I vår nya tid överträffar processer produkter."*

De organisationer som fokuserar på sakerna, vad:et, istället för processen, hur:et, är alltså helt fel ute. Den som behöver mer kött på benen för att förstå det rekommenderas att läsa boken *Google 5-day Sprint* som förklarar hur Google arbetar med innovation.

Processen måste dock vara mer av ett angreppssätt än styra vad som görs och hur i exakt detalj. Den behöver baseras på kritiskt tänkande och tillhandahålla en verktygslåda för kreativ problemlösning, vilket så kallad *design thinking* - designtänkande - gör. För som Albert Einstein sägs ha sagt: *"galenskap är att göra samma sak gång på gång och förvänta sig olika resultat"*.

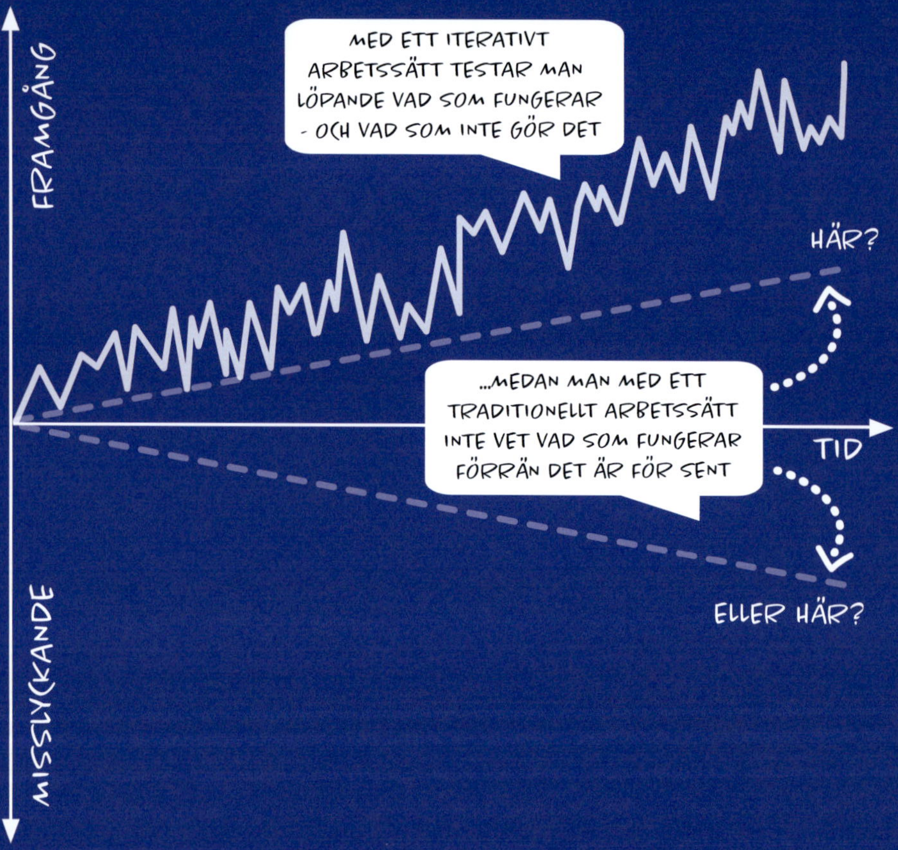
FRAMGÅNG
MED ETT ITERATIVT ARBETSSÄTT TESTAR MAN LÖPANDE VAD SOM FUNGERAR - OCH VAD SOM INTE GÖR DET
HÄR?
...MEDAN MAN MED ETT TRADITIONELLT ARBETSSÄTT INTE VET VAD SOM FUNGERAR FÖRRÄN DET ÄR FÖR SENT
TID
ELLER HÄR?
MISSLYCKANDE

ARBETA ITERATIVT PÅ ALLA NIVÅER

"Kontroll är för nybörjare. Iteration är i sanning innovationens moder."

DEBORAH MILLS-SCOFIELD, KONSULT INOM INNOVATION OCH STRATEGI

För att beskriva den värld som allt fler organisationer verkar i idag används ofta det engelska begreppet VUCA. Det har hämtats från den amerikanska militären och står för Volatile, Uncertain, Complex, Ambiguous. Världen blir alltså alltmer ombytlig, osäker, komplex och tvetydig.

Genom att ta många små steg istället för några stora går det dock att navigera hyfsat i en sådan värld. För varje steg som tas dras slutsatser och lärdomar om vad som fungerar och vad som inte gör det. Utifrån denna insikt bestäms nästa steg. På så sätt går det snabbt att upptäcka och hantera risker innan de blir verklighet eller orsakar för stor skada. Det går snabbt att ändra riktning om det skulle visa sig att man är på väg åt fel håll.

Ett så kallat *iterativt* arbetssätt gör det också billigare att misslyckas. Eller att försöka, som vi ju ska kalla det. Det ger oss råd att testa olika alternativ innan vi bestämmer oss för ett av dem, något som är absolut nödvändigt i en VUCA-värld. Det gör också att vi kan få fram och visa resultat snabbt. Det iterativa arbetssättet är här för att stanna, och det är säkrast att börja tillämpa och försöka bemästra det inom alla områden och nivåer av organisationen.

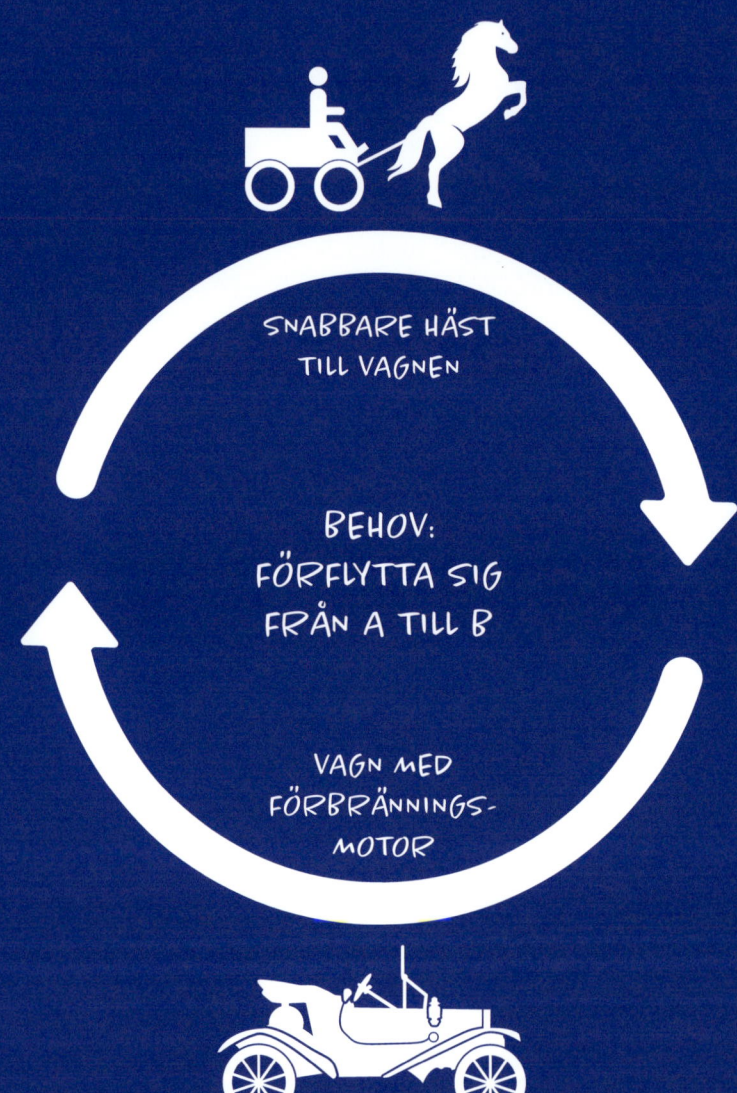

SNABBARE HÄST
TILL VAGNEN

BEHOV:
FÖRFLYTTA SIG
FRÅN A TILL B

VAGN MED
FÖRBRÄNNINGS-
MOTOR

UTFORSKA BEHOV OCH LÖSNINGAR SAMTIDIGT

En del tycker nog Steve Jobs var arrogant när han påstod följande: *"många gånger vet inte folk vad de behöver förrän du visar det för dem"*. Men han hade en poäng. Hur många visste att de behövde en iPhone innan Apple lanserade den? Och Jobs var givetvis inte först med denna insikt. Henry Ford, grundare av Ford Motor Company, sägs ha sagt följande om T-Forden:

> *"Om jag innan T-Forden hade frågat människor vad de ville ha, hade de svarat en snabbare häst."*

Det är förstås väldigt viktigt att prata med, lyssna till och observera kunder och användare för att kunna ta fram framgångsrika lösningar. Samtidigt är det inte säkert att de själva alltid förstår vad de behöver - eftersom de kanske inte ser möjligheterna.

När vi studerar och försöker förstå kundernas och användarnas behov får vi alltså inte låta detta begränsa oss. Vi behöver stimuleras och tillåtas att tänka i nya banor. Digital teknik ger oss möjligheter att lösa problem på helt eller delvis nya sätt. Men även att adressera behov, problem och möjligheter som vi inte ens visste fanns. Tjänster som Uber och Airbnb hade kanske annars aldrig sett dagens ljus. Eller iPhone för den delen. Därför behöver vi utforska dessa möjligheter. Det gäller även hur vi arbetar och samarbetar inom en organisation. Vi behöver provocera varandra med olika hypoteser för att tänka i nya banor om vårt arbete och hur vi kan nå våra mål tillsammans.

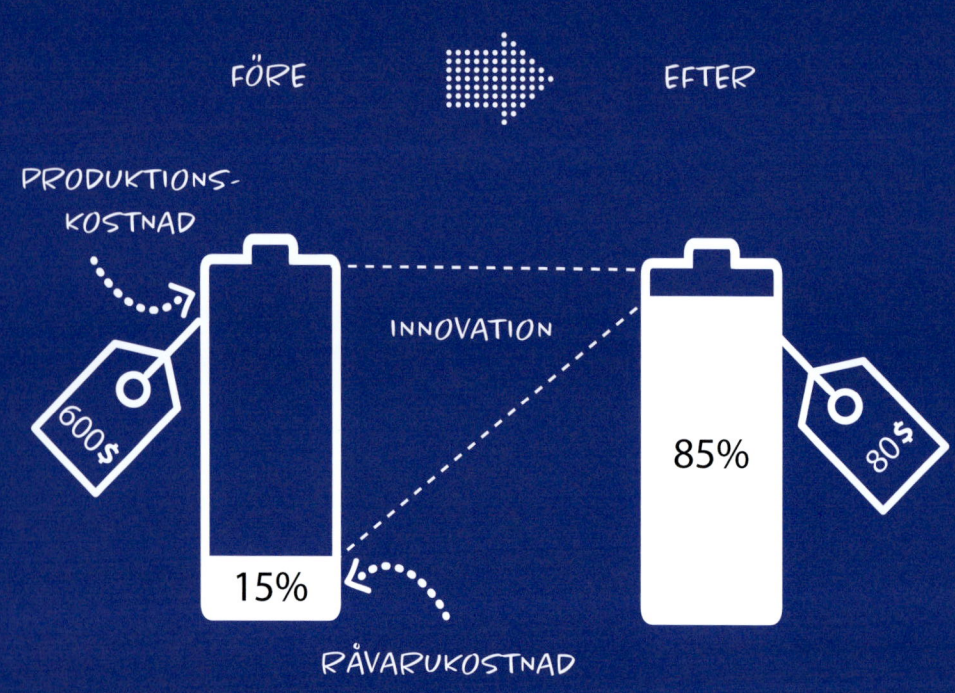

FÖRE

EFTER

PRODUKTIONS-
KOSTNAD

INNOVATION

600$

80$

85%

15%

RÅVARUKOSTNAD
= FUNDAMENTAL SANNING

HITTA DE FUNDAMENTALA SANNINGARNA

När superentreprenören och Teslagrundaren Elon Musk i intervjuer får frågan om vad som ligger bakom hans framgång brukar han nämna problemlösningsmetoden *First Principles,* en metod som Aristoteles lärde ut redan för 2000 år sedan. Den går kort ut på att ifrågasätta vedertagna sanningar genom att bryta ned ett problem till de mest grundläggande sanningarna. Sådant som inte kan förändras. Allting annat kan däremot förändras och förbättras.

När Musk startade Tesla var det få som trodde att elbilar var framtiden. Huvudanledningen var att batterier var väldigt dyra. De antog helt enkelt att de skulle fortsätta vara det. Men genom att tillämpa First Principles kom Musk fram till att de fundamentala sanningarna var marknadspriset på råvarorna till batterier, såsom nickel, kobolt och aluminium. Dessa stod för mindre än 15 procent av kostnaden för ett batteri. Resterande 85 procent av kostnaden var alltså möjlig att påverka. Genom att hitta nya och billigare sätt att tillverka batterier med dessa råvaror kunde Musk ta fram betydligt billigare batterier. Kostnaden minskade från 600 dollar per batteripaket till enbart 80 dollar. Råvarorna, de fundamentala sanningarna, stod nu för över 85 procent av kostnaden. Voilá! Plötsligt hade elbilarna en lysande framtid.

Ifrågasätt därför vedertagna "sanningar" och leta efter de fundamentala sanningarna!

FATTA BÄTTRE BESLUT GENOM KONKRETISERING

Genom att konkretisera problem, idéer och annat som behöver förstås blir det betydligt enklare att fatta rätt beslut. Olika former av *prototyper* har till exempel länge använts i tillverkande industri för att testa olika utformningar av produkter innan storskalig tillverkning.

En prototyp är en form av *konkretisering*. Konkretiseringar kan skapas även för mer abstrakta företeelser. Ta till exempel kundupplevelser, det vill säga hur en kund upplever en organisation, produkt eller tjänst som denne interagerar med. Människors upplevelser är i sig något väldigt abstrakt och ofta svåra att fånga och förmedla. Samtidigt kan en enda negativ interaktion under en kunds resa mot sitt mål stjälpa ett köp eller få kunden att aldrig mer vilja komma tillbaka. En leverans som inte kommer när den ska. En skruv som saknas vid montering. Ett dåligt bemötande vid kontakt med kundtjänst.

För att konkretisera kundupplevelser är det vanligt att använda *kundresor* - visuella berättelser som förmedlar hur kunden steg för steg interagerar med en organisation, tjänst eller produkt för att uppnå sitt mål. En kundresa kan förmedla väldigt abstrakta saker, såsom vad kunden känner under respektive steg av sin resa. Den hjälper oss att förstä helheten och vilken roll de olika delarna spelar för kundens upplevelse. Vi kan se vad vi behöver förändra och var, samt vilka konsekvenser det får på andra delar av resan. Med andra ord - konkretiseringen hjälper oss att fatta bättre beslut.

PROTOTYPING

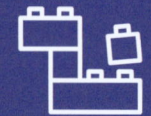

LEGO SERIOUS PLAY

KUNDRESOR

IDÉSTORMNING

INTERVJUER

PERSONAS

GÖR DESIGNERNS VERKTYGSLÅDA TILLGÄNGLIG

Våra beteenden och förväntningar som konsumenter förändras i en allt snabbare takt. Detsamma gäller tekniken och de möjligheter som finns att tillgodose våra behov och lösa olika problem och utmaningar.

För att ta fram nya innovationer krävs ett systematiskt och löpande ifrågasättande av vilken lösning som är rätt, men även vilket som är rätt behov att lösa. Det är vad design i grunden handlar om. Och den viktigaste komponenten i en innovationsprocess är människorna och deras kompetens, kreativitet, förmåga till empati och så vidare. En organisation behöver därför kunna mobilisera och utnyttja all tillgänglig mänsklig innovationsförmåga. En viktig del i detta är att förse alla medarbetare med enkla och kraftfulla verktyg för att definiera problem och utforska möjliga lösningar.

De flesta känner nog till *idéstormning* (på engelska "brainstorming"), en metod som främst används för att generera idéer. Kundresor, som tidigare nämnts, är ett annat exempel på en kreativ problemlösningsmetod (inte bara en konkretisering). De är två exempel på metoder som i princip alla kan lära sig använda. Det gäller bara att inte låta sig avskräckas av de tjusiga visualiseringar som ofta tas fram av designbyråer. En kundresa kan vara så enkel som en rad med post-its på en vägg. Det viktiga är inte hur den ser ut, utan hur den tas fram. De bästa kundresorna är de som skapas tillsammans av personer med olika perspektiv och kompetenser. Givetvis ska även kunder och användare vara medskapare.

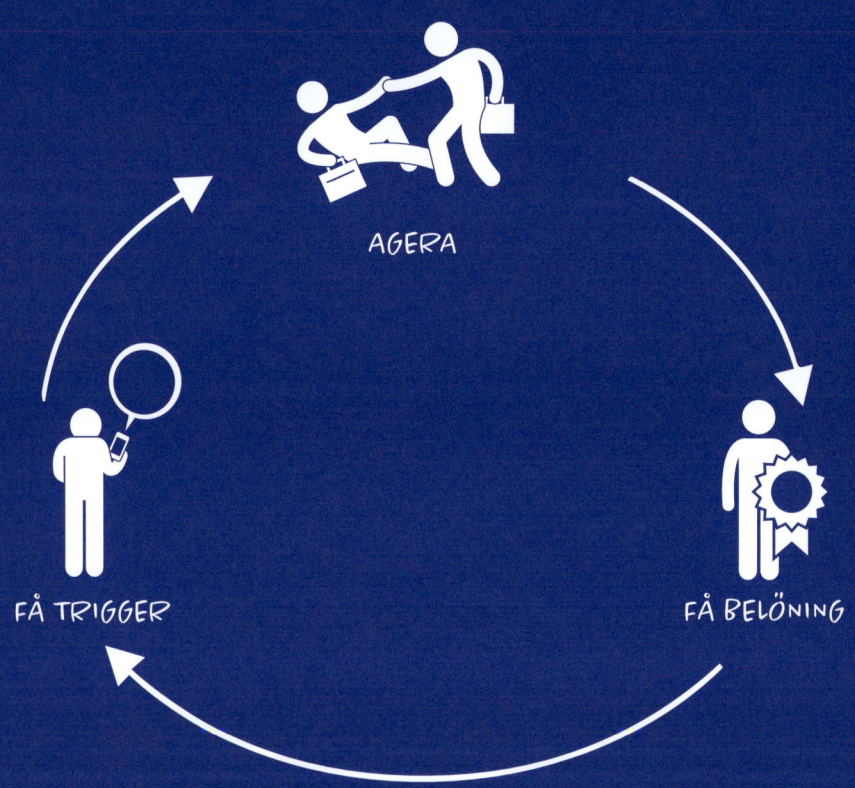

AGERA

FÅ TRIGGER

FÅ BELÖNING

DESIGNA FÖR FÖRÄNDRADE BETEENDEN

Det går inte förändra en annan person. Däremot går det att påverka hur denne beter sig genom att utforma miljön personen befinner sig i. Det enklaste sättet att göra det är genom positiv förstärkning. Och genom att ta bort negativa saker.

Generellt sägs att vi människor söker njutning, hopp och social acceptans. Samtidigt vill vi undvika negativa upplevelser som smärta, rädsla och att bli avfärdade. Dessa "motivatorer" styr i hög grad hur vi beter oss. Med denna och annan kunskap om vad som driver oss att bete oss på ett visst sätt kan vi utforma miljön på ett sätt som lätt knuffar oss i önskad riktning. Det handlar om beteendedesign, populärt också kallat "nudging".

Vi är alla, ofta helt omedvetna om det, utsatta för beteendedesign i vår vardag. Olika signaler triggar oss att göra något, varpå vi får en belöning som får oss att vilja återkomma senare och göra om det. Det har länge använts inom sociala medier som Facebook och Instagram för att göra oss beroende av att ständigt kolla vad som händer.

Beteendedesign kan - och bör - användas för mer nyttiga syften. Det gäller alltifrån att få oss att röra på oss mer i vardagen till att hjälpa och dela kunskap med varandra på jobbet. Den bör vara en naturlig del när vi designar om organisationer och arbetssätt. Ytterst handlar det om att motivera människor och göra det så enkelt som möjligt för dem att bete sig på önskat sätt.

**BLI
UTESTÄNGD**

**KÄNNA SIG
ENSAM**

MISSLYCKAS

**FÖRLORA
KONTROLLEN**

**BLI TILL
ÅTLÖJE**

**FÖRLORA
PENGAR**

**TAPPA
BORT SIG**

STRESS

**FRAMSTÅ
SOM SVAG**

DESIGNA BORT IRRATIONELLA RÄDSLOR

Som människor behöver vi känna rädsla. Annars hade vi inte överlevt vare sig som individer eller art. Rädsla berättar för oss om farliga situationer och när vi måste fly, slåss eller skydda oss på något sätt. I vissa situationer är alltså rädsla en fullt logisk känsla. Men i vårt moderna samhälle blir vi ofta felinformerade av våra rädslor. De får oss att agera på fel sätt. Vi kanske undviker en viss situation som inte alls är farlig för oss. Eller så fattar vi beslut som är dåliga för oss eller andra. Trots att rädslorna är irrationella låter vi oss styras av dem.

Ett vanligt sätt att hantera medarbetares irrationella rädslor vid förändringar inom en organisation är att skapa en större rädsla som överskuggar de andra. Stentuffa chefer som praktiserar "management by fear" ses ofta som nödvändiga för att driva igenom förändringar. Problemet är att deras sätt att leda bryter ned medarbetarna. Det sänker deras produktivitet. Dödar deras kreativitet. Precis tvärtemot vad som krävs i dessa tider.

Irrationella rädslor finns självklart även när det gäller digitaliseringsinitiativ och digital transformation. Att enbart försöka kommunicera eller utbilda bort dessa rädslor är också fel strategi. Istället bör vi tidigt försöka förstå vilka irrationella rädslor som kan uppstå och designa bort dem. Precis som vid design av kundupplevelser. Det handlar om att beakta alla faktorer i miljön och förändra, ta bort eller väga upp det som skapar de irrationella rädslorna. Första steget är att bli medvetna om de rädslor som finns och ta dem på allvar.

BYGG VIDARE PÅ EKOSYSTEMET

1997 köpte Apple företaget och operativsystemet NeXT. Med sig på köpet fick de Applegrundaren Steve Jobs. Vad som hände därefter, hur Jobs som vd tog Apple från ruinens brant till att bli världens mest värdefulla och respekterade företag, är historia. På YouTube finns en inspelning från MacWorld Expo i San Francisco 1997 där Jobs bjuds in på scen av en helt oinspirerad och svamlande Apple-vd för att presentera Apples nya ramverk för att utveckla appar. Under sin presentation säger Jobs följande:

> *"Vi insåg för länge sedan att den kod utvecklaren kan skriva snabbast, som är billigast att förvalta och som aldrig går sönder för användaren är den kod som utvecklaren aldrig behöver skriva."*

Jobs berättar att målet med ramverket är att eliminera 80 procent av all kod som måste skrivas för att göra appar, eftersom den är gemensam med alla andra appar. Det är de resterade 20 procent som utvecklaren ska fokusera på. Det som är unikt och som kan skapa nya värden.

Denna inställning var helt rätt då och är ännu mer rätt idag. Det gäller att fokusera på det som är nytt och unikt och skapar värde. Bygg på och använd det som redan finns. I dag finns nästan allt att köpa som en tjänst. Hitta det och testa. Sen är det bara att slå på kranen. Funkar det inte, testa med en annan kran. Bygg vidare på ekosystemet, använd de förmågor och resurser som redan finns!

LÅT ROBOTAR GÖRA ROBOTGÖRAT

Idag skrivs och pratas det mycket om artificiell intelligens och robotar och om hur de kommer ta våra jobb. Debatten blir ofta vilseledande. Det som främst kommer hända är att de börjar utföra vissa specialiserade uppgifter åt oss. De kommer att sköta de tråkiga och repetitiva delarna av våra jobb. Och samtidigt som de avlastar oss kommer de ge oss förmågor som vi inte haft tidigare.

En organisation som ensidigt satsar på automatisering och att försöka ersätta jobb kommer ganska snart att inse att det var en felaktig strategi. Allt som kan kodifieras, som data och algoritmer, kan nämligen också kopieras. Det som kan kopieras ger inga bestående konkurrensfördelar.

Snart är det enda som inte kan kopieras mänskliga förmågor som nyfikenhet, kreativitet, empati och improvisationsförmåga. Därför måste organisationer satsa på utveckla de mänskliga förmågorna hos sina medarbetare. Och artificiell intelligens bör användas för att förstärka, inte ersätta, våra mänskliga förmågor.

Artificiell intelligens och robotisering, rätt använd, kan mycket väl vara det som släpper ut oss ur de hamsterhjul som vi ofta fastnar i. Din bästa jobbarkompis kan inom en snar framtid vara en virtuell assistent. Du förtjänar att bli av med robotgörat. Du förtjänar att få öva upp din nyfikenhet och utveckla din kreativitet tillsammans med andra.

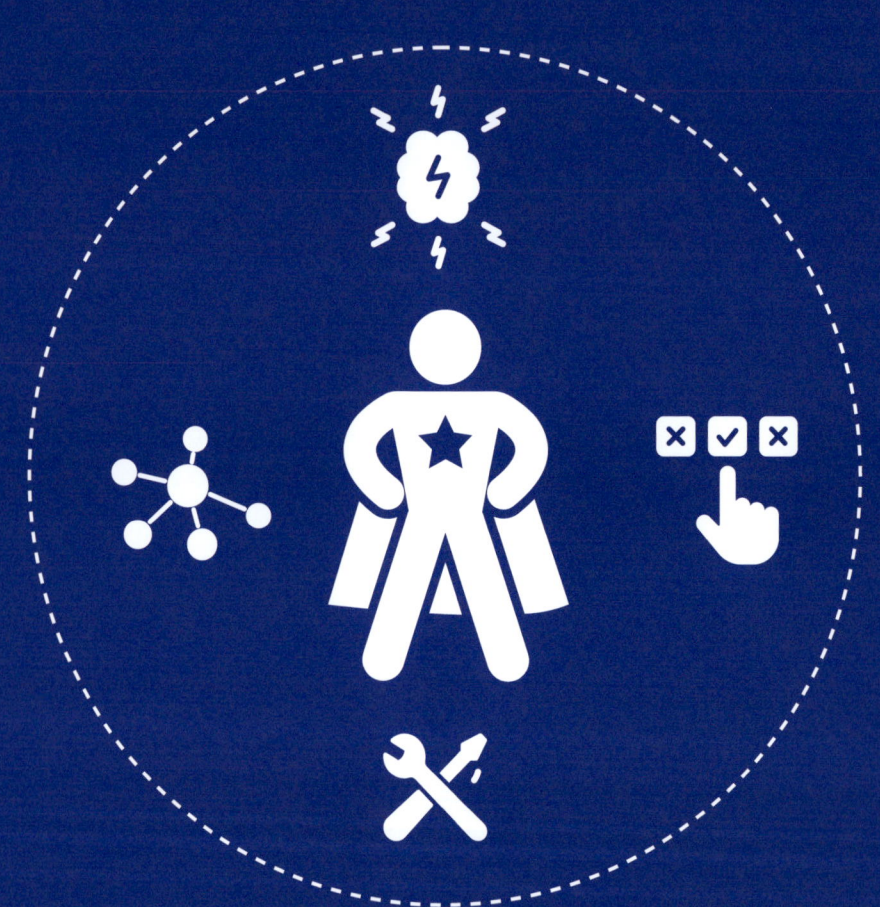

GE MEDARBETARNA DIGITALA SUPERKRAFTER

Sedan mänsklighetens begynnelse har vi människor utvecklat olika sorters teknologier för att förbättra våra befintliga förmågor eller för att skaffa oss helt nya. Idag kan vi flyga, skåda tillbaka i tiden till universums födelse och kommunicera med vem som helst var som helst i världen. Saker som tidigare varit otänkbara eller endast förbehållna fiktionens värld. Ett sätt att se det är att teknologierna vi utvecklat har gett oss superkrafter. Nu använder vi digital teknik för att skaffa oss digitala superkrafter.

En organisation behöver sträva efter att ge medarbetarna digitala superkrafter. Det gäller inte bara i det individuella arbetet, utan framför allt i samarbetet med andra. Det måste helt enkelt bli enklare och roligare att arbeta smartare tillsammans.

För att uppnå det krävs en förståelse för de behov och förutsättningar som medarbetarna har, men också för de möjligheter som tekniken ger oss. Användarupplevelsen måste sätt högst upp på prioritetslistan inför nya it-investeringar. Då ökar sannolikheten att en it-investering leder till de effekter som eftersträvas, vare sig det är ökad produktivitet, ökad innovationsförmåga, kortare ledtider eller något annat. En snabbrörlig "grupp av grupper" bestående av nyfikna, kreativa och kompetenta medarbetare med digitala superkrafter som alla strävar åt samma håll, att leverera maximalt värde till kunderna - där har vi kärnan i det vi kallar digital transformation!

EFTERORD

"Vad vi behöver göra är att alltid luta oss in i framtiden; när världen förändras omkring dig och när den förändras emot dig – när det som brukade vara en medvind blivit en motvind – måste du luta dig in i den för att komma på vad du ska göra – för att klaga är inte en strategi."

JEFF BEZOS, GRUNDARE AV AMAZON

GÖR ORGANISATIONEN MER MÄNSKLIG IGEN!

Om elektriciteten var den industriella revolutionens syre så är Internet och den digitala tekniken syret för de organisationer som ska kunna överleva framöver. Det går inte att göra som vissa ledningar envisas med, att se digitaliseringen som en separat punkt på organisationens agenda. Det digitala måste genomsyra allt organisationen gör - och hur den gör det.

För att överleva digitaliseringen behöver alla organisationer återuppväcka och utveckla de förmågor som de hade i början av sin livscykel, under uppstartsfasen - förmågor såsom nyfikenhet, kreativitet, mod och samarbete. Samtidigt måste de förstås dra nytta av sin storlek och de förmågor som den utvecklat under sin livscykel. Det enda sättet att få ihop denna ekvation är att bli digital från grunden. Det gäller då att försöka få ut det bästa och mesta av både människor och digitala möjligheter. Digitaliseringen kan när den görs på rätt sätt, vilket kan upplevas paradoxalt, få organisationen att bli mer mänsklig igen.

Nu har du öppnat ett antal dörrar till områden som din organisation behöver utforska om den ska lyckas med digitaliseringen och sin digitala transformation. De nya spelregler den behöver spela efter. Hot och hinder den behöver övervinna. Synsätt och förmågor den behöver utveckla. Och inte minst ett antal övergripande förändringar den behöver genomföra. Nu återstår bara en sak - *börja göra!*